다크 투어

다크 투어

슬픔의 지도를   따라 걷다

김여정 지음

그린비

차례

일러두기

1. 이 책은 제28회 전태일문학상 수상작으로, 단행본 출간에 맞추어 수정 및 편집하는 과정에서 「못다 한 이야기」와 각 장의 도입 글, 마무리 글이 추가되었습니다.

2. 각 장의 도입부에는 여행 경로와 '다크 투어'의 이해를 돕는 간략한 사건 배경을 실었습니다.

3. 외국 인명이나 지명 등은 2002년에 국립국어원에서 펴낸 외래어표기법을 따라 표기하였습니다.

나의 특별한 여행기

어린 시절, 우리 마을의 제삿날은 모두 같은 날이었다. 제삿날이라는 건 우리에게 맛난 음식을 먹을 수 있는 날이라는 것 외에별다른 의미는 없었다. 마을 사람들이 곗돈으로 관광버스를 빌려 놀러 가듯이, 그저 할아버지들도 한날한시에 저승으로 여행을 간 거라고 생각했다. 비단 우리나라뿐만 아니라 아시아 다른나라의 할아버지들도 마찬가지였다. 발리 시골 마을이나 말레이시아의 광산 마을에서도 제삿날이 모두 같은 날이었다. 국가 권력에 의해 무고한 사람들이 끌려가 대량 학살된 탓에 그많은 사람들의 제삿날이 같았다는 것을 알게 된 것은 오랜 시간이 흐른뒤였다.

한국전쟁 중 목포형무소에서 실종된 '할머니의 오빠'의 흔적을 찾으며 목포에서 장흥까지 걸었다. 그 길 위에서, 토벌대에 사랑하는 가족이 희생된 사람들을 만났다. 내 고향 마을처럼제삿날이 같은 마을이 한둘이 아니었다. 산 아랫마을에 살고 있다는 이유만으로 마을이 불타고 사람들이 잔인하게 살해되었다. 내 할머니처럼 일평생 응어리진 가슴을 숨기며 살아가고 있는 수많은 어르신들을 만났다. 그중에는 여전히 학살당한 가족에 대해 말하지 못하고 두려움에 떠는 분들이 많았다. 내가 할 수 있는 일은 가슴속에 묻어 둔 그들의 이야기를 들어주는 일이었다. 자신의 목격담을 토해 낸 어르신들은 죽기 전에 이야기를 할 수 있어서 다행이라고 했다. 일생 누구에게도 쉽게 하지 못한 말이었다.

내 손을 잡고 가족이 학살된 곳에 데려가 한 많은 이야기를 토해 냈던 유족 중 많은 분들이 세상을 떠났다. 학살자들이 어떻게 사람들을 죽였는지, 시신이 어떻게 버려졌는지, 그리고 살아남은 가족들은 어떤 삶을 살아왔는지… 나는 유족들이 유언처럼 남긴 일에 대해 알리려 계속 노력했지만, 대부분의 사람들은 내 이야기를 외면하기만 했다. '옛날 일을 이제 와 들춰내면 뭐하나'라는 반응이 되돌아왔다.

고통스럽고 괴로운 일은 기억에서 지우고 밝고 행복한 일만 기억하고 싶은 것은 어쩌면 당연한 일이다. 학살, 고문, 전쟁 이야기는 하는 사람 못지않게 읽는 사람에게도 고통스러울 것이다. 나 역시 그렇다. 하지만 늙고 주름진 손으로 눈물을 훔치는 어르신들의 이야기를 망각 속에 사라지게 할 수는 없었다. 이 글은 사랑하는 가족을 잃고 평생토록 가슴에 한을 지니고 살아가는 사람들에 대한 기록이다. 그들의 이야기는 학살의 실체를 증언하는, 부정할 수 없는 역사이기 때문이다.

　나에게 유언처럼 남긴 유족들의 이야기를 글로 남기며, 더 많은 유족 어르신들이 세상을 떠나기 전에 그들과 함께 산과 바다, 여기저기에 남겨진 학살 현장을 찾아가고 있다. 내가 다크 투어를 하는 이유는 반인륜적인 학살 사건을 알리고 기록하기 위해서이다. 다시는 지구상에서 이념과 사상이 다르다는 이유로 사람이 사람을 잔인하게 학살하는 일이 반복되어서는 안 된다. 학살은 기록되고 진상규명되어야만 한다. 그래야만 잊히지 않고 반복되지 않는다. 이 글은 나 혼자 걸을 때도 혼자가 아니라 학살 피해자들과 함께였던, '홀로'이면서도 '함께' 만들어 간 조금은 특별한 여행기이다.

목포의 눈물

한국-전라남도
한국전쟁기 민간인 학살

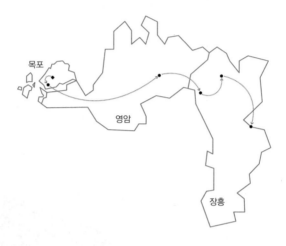

목포

영암

장흥

여행 경로   옛 목포형무소 ▶ 목포 다순구미 마을 ▶ 영암 연보리 마을 ▶ 장흥 유치 자연휴양림
▶ 장흥 유치 보림사 ▶ 사자산

국가보안법
1948년 12월 1일, 이승만 정부가 대한민국 내에서 '자유 민주적 기본질
서'를 위태롭게 하는 반국가 단체의 활동을 규제하기 위해 만든 법률로,
일본 제국의 치안유지법과 보안법을 기반으로 하여 제정했다.

목포형무소 학살 사건
한국전쟁이 발발한 직후 이승만 정부는 보도연맹원이나 수형자들이 인민
군에게 협조할 것으로 의심하고, 후퇴하기 직전에 이들을 즉결처분했다.
목포형무소에 갇힌 국민보도연맹원과 수형자 1천 4백 명은 경찰이 철수
하기 하루 전인 1950년 7월 23일 전남도경 경비선 '금강호'에 실려 신
안군 비금면 인근 해상에서 수장되었다. 해군기지 사령부, 육군 방첩대
(CIC), 목포 경찰서 등이 학살에 가담했다.

목포형무소

대한제국 말기인 1909년에 통감부가 '광주감옥 목포분감'으로 개설하였다. 일제강점기에는 3·1운동, 청년운동, 부두노동자운동, 신간회운동, 광주 학생운동, 제주 잠녀 항쟁, 농민운동 관련자들이 갇혔다. 해방 이후, 목포형무소로 사용되었다. 제주 4·3사건, 여순 14연대 반란사건 관련인, 소작 쟁의 관련인들이 수용되었고 1949년에는 대규모 탈옥 사건이 있었다. 1989년 무안군으로 이전했다.

목포 산정산

목포 산정산 채석장은 일제강점기 시절 목포형무소 수형인들이 석재를 생산하는 곳이었다. 이곳에서 생산되는 돌은 '형무소 돌'이라고 불렸다. 산정산에는 대정 8년(1917년), 대정 9년(1920년), 소화 8년(1933년)이라고 기록된 목포형무소 합장비와 번호만 기록된 돌 비석 등이 남아 있다.

영암 구림 마을 학살 사건

1950년 10월 17일 새벽 5시, 30여 명의 경찰관과 70여 명의 우익단체 대원으로 구성된 영암 경찰서 서남지역 토벌작전부대(경찰 기동대)가 구림 마을에 도착했다. 토벌대는 마을을 포위한 뒤 사냥하듯이 주민을 사살했다. 이로 인해 군서면 동구림리, 서구림리, 도갑리 마을 주민 96명이 학살당했다.

영암 연보리 마을 학살 사건

전남 영암군 금정면 연보리, 연산, 다보, 냉천 부락은 빨치산의 근거지였다. 금정면 청룡리(내산)와 장흥군 유치면을 끼고 있는 국사봉 정상부에는 인민 유격대 전남 제3지구인 유치지구 사령부가 주둔해 밤이면 인근 마을로 내려와 활동하곤 했다. 1950년 12월 18일 오전, 금정면의 경계인 영암 여운재를 넘어온 해병부대와 경찰부대가 금정면 빨치산 토벌 작전에 나섰다. 냉천 마을에 박격포 두 발을 쏘고 2백여 명의 마을 사람을 학살했다.

목포형무소 전경 [『목포부사』(木浦府史), 1930]

목포의 눈물

할머니를 위하여

비 내리는 바다는 호수처럼 잠잠했다. 목포형무소에서 끌려 나온 수형자들은 째보 선창에서 배에 올랐다. 째보 선창은 오래전 도로 확장 공사를 하면서 사라졌다. 검은 바다는 무심하게 그 자리를 버티고 있었다. 나는 부둣가 낡은 창고 처마 밑에 앉아 소주를 마셨다. 지난 몇 달간은 목포에 수시로 내려왔다. 이름도 모르고 언제 죽었는지도 모르는 그 사람을 찾으려고 목포형무소 근처를 이 잡듯이 뒤졌다.

1950년 7월, 그는 흔적도 없이 세상에서 사라졌다. 가슴이 꽉 막혔다. 하릴없이 소주만 입에 털어 넣을 뿐, 해결책이 생각나지 않았다. 서너 병을 비우고 나서야 자리에서 일어났다. 휘청거리는 걸음으로 북개 방파제를 걸었다. 갯바위에서 낚시하는 사람들의 담뱃불이 밤바다에 비쳤다. 칠흑같은 바다에서 담뱃불을 보고 갯바위로 몰려드는 물고기를 보고 있으니, 그 사람이 목포에서 실종되었다는 사실 하나만 알고 무작정 목포에 내려온 내 신세 같았다. 이름도 나이도 모르는, 사진도 없는 그 사람을 찾고 싶었다. 내가 유일하게 아는 사실은 그가 목포형무소에서 수형생활을 하던 중에 실종되었다는 것뿐이었다.

나를 키워 주신 할머니는 평생 아랫목 이불에 밥 한 사발을 묻어 놓고 대문을 활짝 열어 둔 채로 누군가를 기다렸다. 할머니가 눈을 감는 순간에서야 그 누군가가 할머니의 오빠였다는 사실을 알게 되었다. 할머니는 오빠를 평생 동안 찾아 헤매다가 세상을 떠났다. 오빠랑 비슷한 인상착의가 목격되면 남해안의 섬마을이나 약초꾼들이 사는 움막까지 찾아 나섰다. 할머니가 죽는 날까지 그토록 기다렸던 오빠를 내가 대신 찾고 싶었다. 그가 꼭 살아 있기를 기대한 건 아니었다. 하늘나라에서도 애타게 오빠를 찾아 헤맬 할머니에게 적어도 오빠의 마지막 행적을 알리고 싶었다. 내 존재의 근원이었던 할머니를 위해서 꼭 해야만 하는 일이었다.

비 내리는 호남선

목포행 기차

봄날의 비가 추적추적 호남평야에 내리고 있었다. 기차는 빠른 속도로 물기 젖은 들판을 가로질렀다. "무언가 죽도록 그리우면 기차를 타라"고 한 누군가의 말을 떠올린다. 나는 핸드폰을 꺼내

들고 사진 이미지를 열었다. 붉은 배롱나무 아래 앉아 있는 할머니는 옅은 미소로 웃고 있었다. 할머니가 위독하다는 연락을 받고 나는 급히 기차를 탔다. 흔들리는 기차 안에서 할머니에게 마지막 인사를 할 수 있기를 빌고 또 빌었다. 기차는 광주 송정리역에서 멈췄고, 나는 울면서 급히 병원으로 달려갔다. 병실에는 기계음이 시끄럽게 울렸다. 심장박동기, 산소호흡기, 링거 줄이 다닥다닥 연결된 할머니의 마른 몸은 마치 화석 같았다. 바싹 마른 나비같이 손으로 만지면 힘없이 부서질 것만 같았다. 병원 시트에 싸여 짧게 자른 머리만 내민 할머니는 간신히 산소호흡기에 의존하고 있었다.

"할머니…!"

큰 소리로 불러도 할머니는 반응이 없었다. 힘줄까지 드러난 팔을 만지고 얼굴을 쓰다듬었지만 작은 움직임조차 없었다. 심장박동기에서 경보음이 울리고 담당 의사가 달려왔다. 의료용 모니터의 그래프가 급격히 꺾이기 시작하자, 의사는 급히 안정제를 투여했다. 그래프의 경사도는 다소 완화됐지만, 심장박동기에서는 여전히 경보음이 울렸다. 내가 할 수 있는 건 아무것도 없었다. 그저 울면서 할머니의 발과 종아리를 주무르고 있는데, 그 순간 할머니가 눈을 떴다.

"오빠, 오빠…"

할머니는 초점 잃은 눈으로 병실 문을 응시하며 희미한 목소리로 누군가를 찾았다.

"할머니, 나야."

나는 다급하게 얼굴을 들이대며 할머니를 불렀다. 심장박동기는 더욱더 세차게 경보음을 울려 댔다.

"오빠, 오빠…"

할머니는 꿈속을 헤매듯 팔을 휘저으며 연신 오빠를 불렀고, 나는 할머니의 마른 팔에서 링거가 빠질 것 같아 팔을 붙잡았다.

"오빠…!"

할머니가 눈을 부릅뜨고 외마디 말을 내뱉은 그 순간 심장박동기에서 '삐' 하는 심정지 음이 울렸다. 담당 의사와 간호사가 급히 달려와 응급처치를 시작했다. 심장에 가해지는 충격기 소리가 울릴 때마다 할머니의 몸은 크게 들썩거렸다. 한 번, 두 번, 세 번… 열 번… 할머니의 맥박과 눈을 확인한 의사는 사망진단을 내렸다. 눈물을 주체하지 못한 나는 통곡하며 할머니에게 매달렸다. 내 눈물과는 상관없이 건조하게 할머니의 몸에서 기계와 호스를 제거하는 간호사가 매정하게 느껴졌다. 곧이어 병원 직원은 할머니를 옮길 침대를 밀고 들어왔다.

할머니가 세상을 떠난 이후, 직장생활은 힘들어지고 건강은 더욱 악화되어 가기만 했다. 나는 몸을 일으킬 수 없을 때까지 일하다가 결국 오랫동안 병원 신세를 져야 했다. 병원 창밖으로는 할머니가 떠났던 그날처럼 노란 산수유가 보였다. 할머니가 오빠를 만나기 위해 걸었던, 유달산 자락 옥바라지 길에 관한 이야기들이 생생하게 기억났다. 무의식 깊은 곳에서 나를 목포로 이끄는 설명할 수 없는 힘이 생겨났다. 그렇게 나는 병원에서 퇴원하던 날, 목포행 호남선 기차를 탔다.

그의 흔적을 찾아서

행복이 가득한 집

낡은 마룻바닥, 먼지 앉은 샹들리에, 노란색으로 빛바랜 레이스 자락 사이로 햇살이 들어왔다. 나는 커피를 마시며 바흐의 칸타타가 흐르는 카페 구석에 앉아서 정원을 바라보았다. 유달산 아래로 바다가 시원하게 내려다보이는 풍광 좋은 곳에 자리 잡은 이 카페에는 오래전 일본인이 살았다. 1897년, 개항이 된 후 목포에는 일본인이 거주하기 시작했다. '행복이 가득한 집'이라는 카페로 개조한 정원은 백여 년의 시간을 넘어서도 고색창연한 모습으로 남아 있었다.

나는 할머니가 생의 마지막 순간까지 찾았던 오빠가 궁금했다. 집안 어른의 이야기로는 할머니의 오빠는 장흥군에서 농민운동을 주도하다가 구속되었다고 한다. 그리고 목포형무소에서 수형생활을 하다가 한국전쟁 중에 형무소에서 실종되었다고 하니, 목포를 중심으로 흔적 찾기를 시작하는 게 맞는 일 같았다. 목포 근대역사관에서 찾은 일제강점기 시절의 목포 지도와 사진을 테이블에 펼쳤다. 목포 일본 영사관, 동양척식 주식회사, 호남은행이 담긴 흑백사진은 일제강점기 시절 목포의 역사를 보여주었다. 두부처럼 반듯하게 자른 석재로 건축된 목포형무소의 아치형 정문은 무거운 쇠문으로 되어 있었다. 나이 든 카페 사장은 돋보기 안경을 꺼내어 사진을 유심히 살피며, 목포형무소는 20여 년 전에 무안으로 이전되었고 기존 형무소는 철거됐다고 했다. 앞이 꽉 막힌 느낌이었다.

목포형무소는 대한제국 말기인 1909년 일본의 통감부가 '광주 감옥 목포분감'으로 개설한 이후, 독립운동가와 농민운동가를 투옥했던 곳이다. 남한 단독정부 수립 이후에는 제주 4·3사건, 여순 사건, 국민보도연맹사건 등으로 잡혀 들어온 이른바 좌익사범도 대거 수용되었다. 형무소가 없어졌다는 소식은 할머니의 오빠를 찾을 수 있는 단서가 사라졌다는 말로 들렸다. 나는 그의 이름조차 알지 못했다. 할머니의 오빠가 있다는 것은 알고 있었지만 할머니의 호적 등본에는 여동생 이외에 다른 가족은 없었다.

어린 시절, 증조할머니는 석양이 내리는 대문 앞 배롱나무 아래 앉아서 신작로를 멀뚱히 바라보곤 했다. 후에 안 사실이지만 증조할머니는 목포형무소에서 실종된 아들을 기다리고 있었다. 수십 년 동안 매일같이 붉은 배롱나무 아래에서 아들을 기다리던 증조할머니는 끝내 아들을 보지 못하고 세상을 떠났다. 증조할머니가 돌아가신 이후 그 자리엔 할머니가 앉았다. 할머니 역시 붉은 배롱나무 아래에서 신작로를 바라봤다. 할머니는 저녁이 되면 쌀밥을 지어서 놋쇠 밥그릇에 가득 담아 아랫목 이불 속에 묻어 두었다. 오빠가 돌아오면 따듯한 밥을 내놓기 위해서였다.

할머니의 오빠가 갇혔던 목포형무소가 사라진 상황에서 그의 흔적을 찾기란 쉬운 일이 아니었다. 한반도 가장 끝 마을에 사는 할머니의 여동생인 이모할머니는 무언가 알고 있을 것 같았다. 나는 조심스럽게 그의 이름을 물었다. 나를 반기던 이모할머니는 고개를 떨구고 침묵했다. 방안에 정적이 감돌았다. 오래된 시계에서 시곗바늘 움직이는 소리만 들렸다. 이모할머니의 미간에 도드라진 주름이 살짝 움직였다. 나는 재촉하듯 다시 물었다. 이모할머니는 오빠의 이름을 알고 있는 것이 분명했다.

이모할머니가 말문을 닫고 있는 동안에 옆에 앉은 이모할아버지가 침묵을 깼다.

"그 사람은 빨갱이니 모르는 게 좋다."

단호한 이모할아버지의 목소리에, 나는 더 이상 묻지 못하고 자리에서 일어섰다. 어색해진 공간을 벗어나고 싶었다.

"후손들 잘되라고 돈까지 써서 호적도 지웠다. 다시는 묻지 마라."

이모할아버지의 무뚝뚝한 목소리가 대문을 나서는 내 등을 때렸다.

사라진 이름들

옛 목포형무소

북풍이 불어오는 마파지에 세워졌던 옛 목포형무소로 가는 길은 따스했다. 목포에서 가장 외진 곳에 있는 마파지에도 개발의 바람이 불어 아파트 단지가 들어섰다. 유달산으로부터 이어진 좁은 옛날 도로는 사라졌고 새로운 도로가 생겼다. 아파트 단지 사이에는 일제강점기에 지어진 집이 중간 중간 남아 마치 이빨이 빠진 것처럼 보였다. 집 사이로는 옛 형무소 사진에서 본 것처럼 석재로 담을 두른 좁은 돌길이 산정산 둘레길로 이어졌다. 나는 둘레길을 따라 길 양편에 늘어선 부드러운 돌담을 만지면서 걸었다. 푸른 보리가 바람에 출렁거렸다. 목포에 폭풍이 몰려온다는 기상예보는 있었지만 햇살은 아늑했다.

돌길은 붉은 벽돌로 높게 세워진 아파트 담벼락에 막혔다. 담벼락 안으로는 고층 아파트가 불쑥 솟아 있었다. 담벼락을 돌아서 나온 큰길은 아파트 정문과 마주하고 있었다. 정문을 지나 봄 햇살을 따라 꽃들이 흐드러지게 핀 아파트 정원으로 들어서면 보이는 의자에서, 한 할머니가 햇살을 맞으며 졸고 있었다.

마파지 마을에서 태어나고 자란 할머니는 형무소 구령 소리에 맞춰 잠에서 깨고 잠들었다고 했다. 사진에서 본 형무소의 무겁고 짙푸른 철문이 서 있던 자리는 흔적조차 없었다. 이 철문을 통해 들어온 항일지사, 농민운동가, 노동운동가, 사회운동가 들이 이곳에서 수없이 옥사하거나 처형되었지만, 수십 년간 목포형무소를 거쳐 갔던 사람들의 흔적은 이제 남아 있지 않았다. 하물며 그들을 기억할 수 있는 작은 표식조차도 없었다.

정문 앞에는 연초록 잎사귀가 피어난 느티나무가 버티고 서 있었다. 아파트 담벼락 밖에 뿌리를 내린 느티나무는 다행히 건설공사에도 허리를 잘리지 않고 살아남았다. 오래된 느티나무는 이곳에서 벌어진 모든 이야기를 기억하고 있을 것 같았다. 아들을 잃어버린 수많은 어머니의 통곡을 담아 나무 기둥 곳곳에 골을 만들고 옹이를 새겨 놓았다. 형무소 정문 앞, 간수에게서 오빠가 실종되었다는 소식을 들은 할머니는 정신을 잃었다고 했다. 오빠의 시신이라도 찾고자 목포를 헤매었지만 끝내 찾지 못하고 고향집으로 돌아왔다.

형무소 자리를 보고 나서 나는 다시 아파트 단지 안으로 걸음을 옮겼다. 아이들이 뛰어노는 아파트 놀이터와 개복숭아꽃이 비처럼 내리는 정원을 지나, 사형장이 있던 절벽 아래로 갔다. 아파트 가장자리 담벼락은 산을 깎아 개발한 이후로 암석이 속살을 드러내고 있었다. 기록보관소에서 찾은 목포형무소의 평면도를 보면 아파트의 폐기물 처리함이 설치된 곳이 사형장이었다. 이곳에서 마지막 숨을 내쉬었던 수많은 애국지사가 울분에 못 이겨 제대로 눈 감지 못하고 세상을 떠돌고 있다는 생각이 들자 감정이 격해졌다. 바람에 떠밀려 모이고 흩어지기를 반복하는 구름의 무리가 눈에 들어왔다. 나는 숨을 크게 들이쉬며 밀려오는 바다 냄새를 맡았다. 감옥에 갇혔던 수많은 수형자들도 쇠창살을 부여잡고 짭조름한 바다 냄새를 맡았을 것이다. 그들의 애처로운 눈빛과 거친 손이 머릿속을 스쳐 지나갔다. 내가 찾는 할머니의 오빠도 그들과 함께 쇠창살을 부여잡고 장흥의 외딴 바닷가 마을에 두고 온 여동생과 어머니를 그리워했을 것이다.

아파트에서 이어진 좁은 산길을 따라 산정산에 올랐다. 형무소 뒷산인 이곳에는 사형당한 수형자들이 묻혔다. 산정산 기슭을 따라 늘어선 풀숲에는 번호만 새긴 비석들이 일렬로 세워져 있거나 넘어져 있었다. 형무소는 사형당한 수형자의 시신을 가족에게 넘겨주지 않았다. 형무소는 시신을 산정산 중턱에 매장하고 수형번호를 새긴 돌비석만을 남겼다. 수형번호가 새겨진 비석은 이름 없이 죽어 간 사람들의 유일한 흔적이었다. 사람의 손길에서 벗어난 작은 비석은 녹색 이끼로 뒤덮였다. 비석 주변에는 매장지로 보이는 구덩이들이 움푹 꺼져 있었다. 이곳에서 죽은 사람들은 번호만 남긴 채 흙으로 돌아갔다. 나는 넘어진 비석을 하나둘 세웠다. 가슴이 다시 죄어왔다.

녹색 이끼가 덮인 석조 계단을 따라 산꼭대기로 향했다. 산
정산 정자에서는 트로트 음악이 흘러나오고 있었다.

"비 내리는 호남선 남행열차에 흔들리는 차창 너머로 빗물이
흐르고 내 눈물도 흐르고 잃어버린 첫사랑도 흐르네."

빨간 운동복을 입은 아주머니들이 운동기구 위에서 몸을 힘
차게 흔들고 있었다. 운동기구는 노래의 리듬을 타고 흔들렸다.
목포 앞바다에서는 가느다란 비바람이 불어 오고 있었다. 아주
머니들은 비바람에도 아랑곳하지 않고, "비 내리는 호남선 남행
열차에, 하나! 흔들리는 차창 너머로, 둘!" 구호를 외치며 운동
에 열중하고 있었는데, 그 모습을 보면서 허탈감이 들었다. 항일
독립운동 하던 애국지사들이 갇혀 어머니를 목메어 그리워했을
형무소는 아파트로 변했고 그들이 묻힌 공동묘지는 목포 시민을
위한 체육공원이 되었지만, 형무소의 기록과 흔적은 방치되고
있었다.

산정산으로 비바람이 더욱더 세차게 불어 왔다. 트로트 장
단에 맞춰 운동하던 아주머니들과 스트레칭하던 할아버지 모두
정자 안으로 몸을 피했다. 굵은 빗줄기에 아카시아꽃들이 눈처
럼 후두둑 땅으로 떨어지기 시작했다. 남행열차 구령을 외치던

아주머니가 비를 피하라며 나를 정자 안으로 끌어당겼다. 아주머니들은 저마다 배낭을 풀어 과일과 과자를 꺼냈다. 나도 배낭에 남아 있던 종이팩 소주를 꺼냈다. 비에 젖은 몸을 데우기에는 소주가 적당했다. 나는 종이컵에 소주를 부어서 할아버지와 아주머니들에게 건넸다. 정자 안에서 사람들은 과일과 과자를 안주 삼아 소주를 마셨다. 소주가 몸 안에 스며들면서 온기가 올라왔다. 어색해하면서 잔을 받던 아주머니들과 할아버지는 술을 마신 이후로 연신 원샷을 외쳤다.

할아버지는 산정산 둘레길이 형무소 사람들이 아침마다 끌려 나와 채석장으로 노역 가던 길이라고 알려줬다. 할아버지는 산 아래 아파트 단지들을 가리키며 형무소와 못자리 등 여기저기를 설명했다. 내가 전쟁 때 목포형무소 수형자들이 어떻게 되었는지 묻자 할아버지는 소주를 단숨에 들이켰다.

"에~마리오, 알아서 뭐 한디, 저 바다에서 죽은 지 오래되었는디."[1]

할아버지는 다도해 섬 사이의 바다를 가리켰다. 자욱한 바다 안개로 인해 목포 앞바다는 흐릿하게 보였다.

"심청이 인당수도 아니고 뭔 일이래요."

리듬에 맞추어 운동하면서 구령을 붙이던 아주머니도 할아버지 이야기를 듣다가 한마디 거들었다. 할머니의 오빠도 푸른 다도해 속에 수장되었을지 모를 일이었다. 멀리 안개에 싸인 바다는 고요하게 비를 맞고 있었다.

전쟁이 끝난 후, 바다는 이상하게 풍년이었다. 어시장에는 목포 사람들이 없어서 못 먹는다는 낙지와 민어가 넘쳐났다. 하지만, 목포 사람들은 바다에 수장된 사람들이 생각나 좀처럼 생선을 먹을 수 없었다. 거울처럼 잔잔하던 전쟁 이전과 달리 목포 앞바다는 성난 것처럼 거칠어져만 갔다. 바다에서 놀던 아이들도 물귀신이 잡아갔고, 조기잡이 나갔던 어른들도 돌아오지 못했다. 바닷속의 원귀들을 달래기 위해 당골을 불러 수많은 씻김굿을 해보았지만 소용없었다. 귀신이 가득한 바다는 목포 사람들에게 더는 너른 품을 내어 주지 않았다.

비에 젖은 작은 돌 조각
목포 다순구미 마을

유달산 기슭에는 가난한 어부들이 모여 사는 따뜻한 마을이라고 불리는 다순구미 마을이 있었다. 마을 입구에는 해방 전후 벽돌을 생산했던 조선내화 공장의 커다란 굴뚝 세 개가 버티고 서 있었고, 주물 공장도 폐허처럼 남았다. 나는 미로같이 좁은 골목길을 따라 가파른 계단 위를 올랐다. 골목길에서 마주치는 집들은 녹슨 대문과, 담쟁이넝쿨이 온 집을 감싸서 지붕만 겨우 남아 있었다. 우물가에는 바다로 나갔다가 돌아오지 못한 뱃사람들의 비석도 세워져 있었다.

산정산에서 만난 할아버지는 다순구미에 가면 전쟁 때 일을 기억하는 늙은 당골이 남아 있을 것이라고 했다. 다순구미의 가파른 골목을 올라가다 보니 호흡이 거칠어졌다. 벽을 잡고 잠시 숨을 고르면서 골목길을 되돌아봤다. 은하수처럼 반짝이는 목포 불빛 속, 연회색 돌로 정갈하게 쌓인 돌담길이 어머니의 아늑한 품속처럼 느껴졌다. 빈집을 기웃거리다가 '개 조심'이라고 쓰인 대문을 열었다. 마당에 묶인 황구 한 마리가 나를 경계했다. 마당에 걸린 빨래를 보니 사람이 살고 있는 것 같아 인기척을 내자, 중년의 사내가 나왔다. 그는 다순구미에 아파트 단지가 들어설 계획이어서 마을 사람들이 많이 떠났다고 말하며 다순구미의 골목길을 이루는 연회색 돌담은 산정산 채석장에서 수형자들이 캐낸 돌로 쌓았다고 일러줬다. 목포 사람들은 형무소에서 산 돌로 집, 상가, 교회, 시청, 공장을 짓고 도로를 만들었다.

나는 돌담에 몸을 밀착하고 귀를 대 보았다. 담쟁이로 뒤덮인 돌담은 마치 살아 있는 생명체처럼 온기가 있는 것 같았다. 나는 돌담을 어루만지며 냄새를 맡았다. 돌담에서 채석장 수인들의 손길이 느껴졌고 땀 냄새도 나는 것 같았다. 바다에 빠져 죽은 수인들의 흔적은 다순구미의 돌담으로만 남아 있었다. 나는 돌담 벽 틈에서 두 조각으로 깨진 반듯하고 네모난 돌을 주워 품에 넣었다.

1948년 봄날, 목포형무소에 갇힌 할머니의 오빠도 채석장에서 노역했을 것이다. 비에 젖은 작은 돌 조각은 목포에서 유일하게 찾아낸, 이름도 알지 못하는 그의 유품에 가장 가까운 것이었다. 나는 형무소 돌 조각을 할머니의 무덤 곁에 묻고 싶었다. 다순구미의 돌담길은 보리 마당을 지나 유달산을 휘어 돌아 형무소로 향하는 옥바라지 길로 이어졌다. 옥바라지 길 끝에는 '용꿈 여인숙'이 있었다. 아들이 풀려나기를 간절히 바라면서 그곳을 지나갔던 수많은 어머니들은 이 돌담길을 처참한 심정으로 걸었을 것이다. 증조할머니와 할머니도 매일 이 옥바라지 길을 걸어서 형무소로 갔을 것이다. 나는 할머니들이 걷던 길을 따라서 고향을 향해 길을 나섰다.

할머니와 함께 지나던 길

국도 2번

이른 새벽, 나는 목포에서 부산을 잇는 국도 2번을 걷고 있었다. 일제강점기에 건설된 도로는 벚나무로 둘러싸여 있었다. 더위를 피하기 위해 자정 무렵 목포에서 출발하여 영산강 하굿둑에서 새벽을 맞았다. 나는 새벽안개가 자욱하게 덮인 도로를 걸으며 노래「부용산」의 가사 한 구절을 흥얼거렸다.

"부용산 봉우리에 하늘만 푸르러 푸르러."

　목포에 도착한 순간부터 이 노랫가락은 수십 년의 망각의 늪을 건너서 나에게 되돌아왔다. 고향 마을 일을 도왔던 정신이 오락가락했던 아주머니가 흥얼거리던 노래였다. 아주머니는 장 맛비가 내리는 날에도, 계절이 바뀌어 눈이 내리는 날에도 이 노래를 부르며 동네를 돌아다녔다. 아주머니는 자신의 이름을 기억하지 못했다. 하지만 빨치산이 산에서 불렀다는 노래 「부용산」만큼은 또렷하게 기억했다. 빨치산은 달이 밝은 밤에 이 노래를 애절하게 불러서 산 아래 주민들의 잠을 깨웠다고 한다. 「부용산」을 흥얼거리다 보니 어느새 안개가 서서히 사라지고 너른 바다를 막고 선 하굿둑이 눈에 들어왔다.

　구름 한 점 없는 4월의 푸른 하늘은 눈부셨지만 영산호는 생명을 잃은 액체처럼 보였다. 나에게 하굿둑은 이별의 아픔이 서린 곳이다. 1980년 하굿둑 공사가 시작되면서 바닷길이 막히고 조개를 풍성히 내어 주던 개펄은 마르기 시작했다. 아버지들은 먹고살 길을 찾아 사우디로 떠났고, 남은 가족은 일거리를 찾아 도시로 떠났다. 텅 빈 바닷가 마을에는 노인과 아이들뿐이었다. 아이들이 배불리 먹을 수 있는 날은 일 년에 한 번, 제삿날뿐이었다. 제삿날은 생선, 문어, 무지개색 과자 등 평소에는 구경하기조차 힘든 갖가지 음식을 먹을 수 있는 신나는 날이었다. 아이들은 일 년 내내 할아버지의 제삿날을 손꼽아 기다렸다. 제사를 지내고 나면, 아이들은 낙지호롱이나 전, 고기산적을 가득 담은 양은 도시락을 가져왔다.

초등학교 시절, 양파장아찌와 김치만 들어 있던 양은 도시락도 이날만큼은 고기가 담겨 있었는데, 나는 제사 음식이 담긴 도시락을 먹으면서도 할아버지들의 제삿날이 같은 이유를 알지 못했다. 광주에 있는 중학교로 전학 간 이후에는 영암뿐만 아니라 전라도 할아버지들 대부분이 저승길로 단체 여행을 간 것이라는 믿음이 굳어졌다. 음력 9월을 시작으로, 전라도 시골 마을에서 전학 온 친구들의 도시락은 어김없이 제사 음식으로 가득 찼다. 벌교에서 온 현국이는 꼬막, 강진에서 온 원상이는 숭어찜, 무안의 해정이는 홍어, 영광의 우연이는 조기찜이 도시락 통에 들어 있었다. 봄이 될 때까지 계속되는 제사 덕분에 점심시간마다 전라도의 산해진미를 맛볼 수 있었다. 우리는 전쟁 때 할아버지들이 추수를 끝내고 정월이 되는 사이 같은 날 저승길로 떠났다고 믿었다.

4월의 이른 더위는 새벽부터 찾아와 아스팔트에 뜨거운 열기를 모락모락 피워 올리고 있었다. 땀을 흡수하는 등산복이었지만 온몸은 땀에 젖어 물을 머금은 솜뭉치처럼 무거워져만 갔다. 하늘은 구름 한 점 보이지 않을 만큼 청아했다. 목포에서 부산까지 남도의 넓은 들판을 관통하는 국도 2번은 영암으로 이어졌고, 수석 좌대 위에 놓인 것 같은 기괴한 바위들이 아득하게 솟아 있는 월출산이 나타났다. 꽃잎이 떨어지고 푸른 잎사귀들이 나오기 시작한 벚나무 고목이 병사처럼 늘어선 국도를 따라 걸었다. 어린 시절, 할머니와 버스를 타고 여기 구림 마을 벚나무 길을 지날 때마다 할머니는 나를 가슴으로 끌어안았다. 일렁이는 봄바람에 하얀 벚꽃은 꽃비가 되어 도로 위로 흩날렸다. 나는 빨강머리 앤처럼 손을 내밀어 벚꽃 비를 만지고 싶어 했다. 하지만 내가 창문을 열어 달라고 떼를 쓸 때마다 할머니는 무서운 소리로 말했다. "토벌대가 잡아간다. 뚝!" 나에게 토벌대는 호랑이처럼 무서운 존재였다. 토벌대라는 소리를 들을 때마다 나는 울던 울음을 멈추고 솜이불 속에 꼭꼭 숨곤 했다.

구림 마을 벚나무 길을 따라 토벌대가 끌고 갔던 만여 명의 영암 사람들은 월출산에서 영원히 돌아오지 못했다. 흰 저고리에 핏빛 물이 든 것 같은 벚꽃은 영암 사람들에게는 공포였다. 벚나무 고목 그루터기 위에 무거운 배낭을 내려놓았다. 아이스백에서 챙겨온 얼음물을 꺼내 목을 축였다. 증조할머니와 할머니는 하루도 빠짐없이 장흥에서 목포까지 이백리 길을 걸어서 면회를 다녔다. 샛별이 뜨면 장흥에서 밥 꾸러미를 정수리에 이고 길을 나섰다가 목포형무소에 도착해서 점심밥을 내려놓았다. 그리고 다시 장흥으로 되돌아오면 자정이 다 되었다고 한다.

월출산 서쪽 자락 상대포 앞에 다가서고 있었다. 삼국시대 백제의 국제무역항이었던 상대포는 왕인 박사가 일본을 향해 떠났던 곳이다. 구림 마을로 들어가는, 달팽이처럼 휘어진 돌담길이 나타났다. 토벌대는 마을 사람들을 굴비처럼 엮어 돌담길을 따라 월출산 계곡으로 끌고 갔다. 나는 천천히 걷기 시작했다. 한 걸음, 한 걸음마다 죽음을 앞두고 이 길을 걸었던 마을 사람들의 두려움과 고통스러운 표정이 떠올랐다. 무릎이 부어오르고 삐끗했던 발목은 발을 내디딜 때마다 고통스러웠다. 배낭과 무거운 신발을 집어 던지고 에어컨 바람 아래에 드러눕고 싶었다. 주변을 둘러보아도 마을은 보이지 않았다. 에어컨 바람이 시원하게 나오는 카페나 식당도 없었다. 백 미터 간격으로 늘어선 도시의 흔한 편의점 대신 연녹색 논만이 끊임없이 이어졌다. 배도 고파왔다. 비상식량으로 준비한 초콜릿은 배낭 안에서 녹아 은박지에 들러붙어 있었다. 은박지에 붙은 초콜릿을 손가락으로 찍어 먹으며 허기를 달랬다. 뜨거운 햇살 아래로 늘어진 길에는 나무 그늘도 보이지 않았다. 도로 옆 참외 밭둑에 배낭을 내리고 바짓단을 접어 올렸다.

1950년 10월 17일, 영암 경찰서 서남지역 공비토벌대는 새벽안개를 뚫고 마을로 들어와서 무차별 사격을 하고 마을에 불을 질렀다. 구림 마을 사람들은 밭일 나가다가, 아침식사를 준비하다가 죽음을 맞았다. 영암초등학교 담임 선생님은 토벌대가 구림 마을 사람들을 굴비 엮듯이 묶어서 월출산으로 끌고 가는 것을 보았다.[2] 마을 사람들은 죽으러 끌려가면서도 바지에 흙탕물이 튀지 않게 하려고 바짓단을 접었다고 했다. 그 이야기를 들은 이후, 나는 죽으러 가면서도 옷맵시를 가다듬었던 구림 마을 사람들을 생각하며 바짓단을 접었다.

다리를 절뚝거리면서 '기찬랜드'를 지나, 월출산 골짜기로 들어섰다. 청명한 하늘 아래 월출산의 기암괴석들은 도드라지게 입체감을 드러냈다. 월출산 천왕봉과 구정봉, 장군바위가 손에 잡힐 듯이 뚜렷하게 보였다. 월출산 골짜기의 물이 모이는 넓은 호수 주변에 이르러서야 바위에 앉았다. 관광객에게 음료수를 파는 할머니는 토벌대가 사람들을 총으로 죽였을 때, 마치 산이 우는 것처럼 월출산 골짜기마다 벼락 치는 소리가 아랫마을까지 들렸다고 했다. 저승길에 오르지 못한 마을 사람들이 담배를 피우면서 연기와 함께 가슴속에 쌓인 한을 내뱉기라도 하는 것처럼 골짜기를 가득 메운 조릿대가 사각사각 소리를 냈다.

하늘로 날린 색동저고리
영암 연보리 마을

나는 거친 숨을 내뱉으며, 영암에서 장흥으로 이어지는 가파른 고개인 여운재에 올랐다. 아래로는 월출산과 영암 시내가 내려다보였다. 여운재 정상엔 매캐한 연기가 자욱하게 흩날리고 있었는데, 전망대에서 노인들이 무엇인가를 태우고 있었던 탓이다. 할머니들은 종이 상자를 열어서 한복을 꺼내고 할아버지들은 옷을 태우고 있었다. 허리가 구부정한 할아버지가 돌잡이 한복과 화려한 남자 두루마기와 분홍색 치마저고리에 불을 붙였다. 할아버지가 불붙인 비단 색동저고리는 빠른 속도로 타올랐다. 그의 돌잡이 동생은 충격으로 어머니와 함께 죽고, 여덟 살 소년이었던 그는 아궁이에 숨어서 살아남았다. 이제 칠순이 훨씬 넘은 그 소년은 가족들을 영암 최고의 멋쟁이로 만들어 보내기 위해서 광주까지 가서 한복을 맞춰 왔다. 마을 어르신들은 한지함에서 삼백여 벌이 넘는 진달래색, 개나리색, 옥색 한복을 꺼내고 한복과 어울리는 꽃신과 당초무늬가 수 놓인 갓 신도 태우는 순서에 맞춰 정렬한 뒤 불에 태웠다. 여운재 위에는 수많은 알록달록한 옷들이 태우는 연기가 푸른 하늘을 수놓고 있었다. 불꽃이 사그라지자 연보리 마을 사람들은 여운재 절벽에 서서 한복을 태운 재를 영암 평야 쪽으로 날려 보냈다. 고개 위에는 울음소리도 말소리도 들리지 않았다.

오늘은 그날 억울하게 죽어 간 사람들을 위해서 70여 년 만에 정식으로 장례를 치르는 날이었다.[3] 만장기를 든 마을 사람들은 북을 울리는 트럭을 앞세우고 연보리 마을로 걸어갔다. 장례 차량이 된 트럭은 느린 속도로 마을의 구불구불한 길을 돌다가 학살당한 사람의 집 앞에서 잠시 멈추어 노제를 지냈다. 색동저고리를 태웠던 할아버지도 걸음을 멈추고 가족들이 살았던 집 대문 앞에서 절을 올렸다. 모란꽃 댕기머리띠를 만들어 왔던 할머니도 고향 집 대문 앞에서 절을 올렸다. 관절염이 심해서 혼자 일어나지 못하는 할머니의 어깨를 붙잡고 바닥에서 일으켜 세웠다. 할머니는 "신령님, 하느님, 부처님"을 반복했다. 나는 할머니를 부축하면서 장례 차량을 따라 걸었다.

만장기를 세운 트럭이 마을의 집을 모두 돌고 나자, 마을 광장에는 꼬막, 홍어, 병어, 조기, 산나물을 올린 제사상이 차려졌다. 상 위에는 아이들이 좋아하는 왕사탕과 빵도 놓였다. '전라도 제사상'이라는 명성에 걸맞은 훌륭한 제사상이었다. 3백여 명의 위패가 세워졌다. 무명씨라고 적힌 위패는 아직 이름도 갖지 못한 채 세상을 떠난 갓난아이의 것이었다. 마을 사람들이 모이자 흰색 도포를 입은 제주(祭主)가 제사상 위에 술을 올리고 향을 피웠다. 마을 할머니가 배고픈 영혼들을 위하여 고봉밥을 가득 떠서 사잣밥을 올렸다. 유기그릇에 담긴 고봉밥 한가운데 숟가락이 반듯이 세워졌다. 제사를 끝낸 뒤, 노인들은 마을회관에 모여 제사 음식을 나누어 먹고, 연보리 마을 사람들은 위패를 품에 안고 집으로 돌아갔다. 일가족이 모두 몰살되어서 위패 삼십여 개를 끌어안고 가는 할아버지도 있었다.

월출산은 달빛에 비단처럼 반짝였다. 달빛이 하늘로 통한다는 월출산 통천문을 비쳤다. 연보리 마을 사람들이 맞춰 준 색동 한복을 입은 아기, 그 곁에서 손을 잡고 있는 모란꽃 댕기머리띠를 한 소녀, 그리고 영암 최고의 멋쟁이가 된 사람들이 통천문을 통해서 하늘로 떠나는 것 같았다.

녹슨 숟가락에 비친 얼굴

국사봉

다시 날이 밝았다. 연보리 마을을 출발하여 영암군 금정면과 장흥군 유치면의 경계에 있는 국사봉을 향해 걸었다. 가파른 국사봉 주위에 있는 바위들에는 박격포 포탄 자국이 그대로 남아 있었다. 국사봉 일대는 토벌대의 무자비한 학살을 피해서 온 영암, 장흥, 화순 사람들로 가득 찼었다고 한다. 산을 얼마쯤 올랐을까, 멀지 않은 곳에 검게 그을린 바위 사이로 틈이 보였다. 나는 배낭을 벗어두고 잡목을 헤치며 바위틈 사이로 몸을 비집고 들어갔다. 바위틈 안의 공간은 동굴처럼 넓었다. 땅바닥에는 검게 그을린 돌들이 흩어져 있었다. 아궁이를 놓았던 자리가 분명했다. 마른 땅에는 푸르스름한 놋쇠 숟가락이 일부 드러나 있었고, 끝부분은 닳아서 납작해져 있었다. 국사봉으로 피난 와서 고향으로 돌아가지 못한 사람들이 남긴 유품이었다. 나는 숟가락을 들고 바위틈 사이를 헤집고 나왔다. 국사봉 정상에서는 월출산,

바다처럼 넓은 화순의 호수, 장흥의 억불산과 사자산이 한눈에 들어왔다. 이제 산 아래로 내려가 유치면을 지나면 사자산 아래, 할머니의 고향 마을에 도착할 것이다. 나는 형무소에 갇힌 오빠를 면회하고 이백리 길을 걸어 집으로 돌아가던 할머니의 발자국을 따라 장흥으로 가고 있었다. 비에 젖어 비탈길을 걷다 수없이 미끄러졌지만, 다시 일어나 걸었다.

월출산을 뒤로하고 장흥을 향해서 발걸음을 옮겼다. 한 발 한 발 내딛는 산길 곳곳에서 오래전 무자비한 토벌대의 총칼 아래 사람이 죽고 나무가 불탔다. 국사봉에는 고사목이 즐비했다. 박격포를 맞아서 불탄 고사목의 밑동에는 버섯이 올라오고 있었다. 버섯은 사람들이 떠나 폐허가 된 마을에도, 피난민이 피를 흘리며 쓰러졌던 자리에도 자랐다. 버섯 향기가 진동하는 관목 숲을 걸었다. 국사봉에서 발원한 탐진강 물길을 따라 계곡을 향해 내려갔다. 군당에는 계곡물이 휘몰아치고 있었다. 거친 계곡을 가로지르는 다리 아래로는 오리 떼가 거친 물살에 휩쓸리지 않으려고 발버둥을 치고 있었다.

계곡 아랫마을 입구에 있는 식당 아궁이 앞에서 허리가 굽은 할머니가 엉거주춤 메주콩을 갈아서 가마솥에 끓이고 있었다. 할머니는 국사봉 근처에 있는 유토 마을에 살다가 토벌대에 마을이 불타는 바람에 군당으로 내려와 살았다고 했다. 집을 잃은 할머니는 냇가 모래밭을 일구고 그곳에다 콩을 심어 두부를 만들었다. 영암으로 넘어가는 고갯길에서는 쉼터를 찾는 사람들이 제법 있었다. 국사봉에 숨었던 피난민들은 토벌대에 의해 몰살당했다고 한다. 할머니는 묵은 김치를 손으로 찢어서 접시 위에 올렸다. 온기가 남아 있는 두부가 묵은 김치와 어우러져 할머니의 품 같은 맛을 냈다. 할머니가 그릇 높이 쌓아 올린 고봉밥도 남김없이 다 먹었다. 다리 밑에서는 오리 떼가 꽥꽥거리며 냇가로 올라오고 있었다. 나는 배낭을 열어 산에서 찾은 녹슨 숟가락을 꺼내 할머니에게 내보였다.

"밥도 못 먹고 죽은 양반들 것이제."

숟가락을 받아 든 할머니는 애처로운 표정을 짓고는 군당 냇가로 내려가서 녹이 슨 숟가락을 깨끗하게 씻었다. 밤이 되면 산에 숨어 있던 빨치산과 피난민들은 횃불을 들고 군당 냇가로 모여들어 밥을 해 먹었다고 했다. 도깨비불처럼 많았던 사람이 모두 죽었다. 할머니는 앞치마로 숟가락을 닦았다. 어느새 숟가락은 놋쇠 특유의 황금색을 되찾았다. 거기에 내 얼굴도 흐릿하게 비쳤다.

길을 나서기 전에 할머니는 봉지에 두부를 담아 주었다. 나는 절뚝거리며 새의 부리 같은 잎사귀가 올라오는 비자나무 숲길을 따라 걸었다. 청룡이 뛰어놀았다는 탐진강은 물길이 막혀서 댐이 되었다. 탐진댐 전망대에 올랐다. 지는 해는 호수를 분홍빛으로 물들였다. 토벌이 끝난 이후, 탐진강변에는 핏물이 밴 것 같은 분홍 갈대숲이 펼쳐졌다. 그때부터 강을 은빛 물결로 수놓았던 은어와 은어 떼를 뒤쫓았던 백로도 돌아오지 않았다고 한다. 탐진강변을 걷다가 백로가 살았던 소나무 숲을 지났다. 주인을 잃어버린 소나무 숲은 말라비틀어진 채 죽어 가고 있었다.

검둥개와 누렁개

장흥 유치 자연휴양림

군도 12호선을 따라 걸으며 댐 건설로 사라진 장흥 유치면 대리·오복·신월 마을의 흔적을 만났다. 그곳을 지나 계곡으로 들어서서 칡덩굴이 무성한 숲길을 걷다가, 울창한 숲과 계곡 사이에 버섯 모양의 안내판이 있는 유치 자연휴양림 안으로 들어갔다. 나는 방 안에서 잠시 눈을 붙였다. 시간이 얼마나 흘렀을까. 숲에서는 부엉이 울음소리가 들렸다. 산장의 열린 창문으로 흘러든 고기 냄새에 눈을 떠 주위를 살폈다. 휴양림 곳곳에 고기 굽는 연기가 자욱했다. 주말 오후, 휴양림에 놀러 온 사람들이 왁자지껄 떠들면서 숲의 평온함은 깨어지고 있었다. 나는 휴양림 휴게소에서 컵라면과 소주를 사서 야외 테이블에 앉았다. 이웃 산장에서 불어오는 고기 불판의 매캐한 연기로 눈이 매웠다. 나는 기침을 하면서 눈을 비볐다.

"검둥개하고 누렁개가 참빗질한 데서 뭐하는 짓들이여!"[4]

휴양림의 가파른 등산로를 내려오던 할아버지가 사람들을 향해서 고함을 질렀다. 노래를 부르거나 큰 소리로 웃고 떠들던 사람들이 놀라서 순식간에 입을 다물었다. 할아버지는 혀를 끌끌 차며 산나물이 가득 실린 지게를 야외 테라스 옆에 내려놓았다. 군경에 참빗질당한 보림사가 불타고 빨치산과 피난민들이 마지막으로 몰살당한 곳이 유치 자연휴양림이 자리한 신월 계곡이었다. 나는 할아버지에게 소주잔을 건넸다. 할아버지는 속이 상한 듯 단숨에 소주를 들이켜고 먼 산을 응시했다. 어느새 달이 훤하게 산등성 위로 떠올랐다.

"검둥아… 워리, 누렁아… 워리, 워리, 워리, 멍멍…"

술기운이 오른 할아버지는 달을 향해서 노래하듯 큰 소리로 외쳤다.

낮에 토벌대가 마을로 들어와서 사람들을 끌고 가면 빨치산과 마을 사람들은 밤마다 가지산, 국사봉, 수인산성 위로 올라가서 징과 꽹과리를 치며 "검둥아, 누렁아, 워리, 워리, 멍멍" 하면서 지서를 향해 함성을 질렀다. 산봉우리마다 타오르는 봉화와 함성에 놀란 토벌대는 혼비백산하며 읍으로 도망쳤다.

할머니가 시장에서 사 온 강아지 이름은 '워리'였고, 이웃집 강아지는 하얀색이었지만 이름은 '누렁이'였다. 뒷집 점박이 강아지 이름은 '검둥이'였다. 이제야 동네 강아지들 이름이 한결같이 누렁이, 검둥이, 워리였던 이유를 알 것 같았다. 가족을 잃은 마을 사람들은 그렇게라도 해서 토벌대에 대한 증오를 삭였던 것이다.

"검둥아, 워리, 누렁아, 워리, 워리, 워리, 멍멍…"

나도 할아버지를 따라 달을 보며 노래하듯 외쳤다. 유치 마을 하늘을 천둥처럼 울리던, 토벌대를 향한 마을 사람들의 함성이 되돌아오는 듯했다.

불속에서 살아남은 사천왕상

장흥 유치 보림사

토벌이 끝난 뒤, 천년 고찰 보림사는 불에 타서 사라지고 절을 지키는 사천왕상만 살아남았다.[5] 불에 타버린 가지산은 붉은 속살을 드러낸 채 황무지로 남았다. 마을 사람들이 돌아왔을 때는 눈을 부릅뜨고 어금니 꽉 문 사천왕상만이 잿더미에서 그들을 맞이했다. 동방 지국천왕, 남방 증장천왕, 서방 광목천왕, 북방 다문천왕은 여전히 거대한 모습으로 변함없이 자리를 지키고 서 있었다. 내가 어린 시절에 봤던 모습 그대로, 유치면을 지키기 위해 침입자가 있다면 칼을 들고 목이라도 베려는 듯 눈을 부라렸다. 나는 할머니의 손을 잡고 보림사에 들어설 때마다 사천왕상에 놀라 울음을 터뜨렸다. 사천왕이 부릅뜬 눈을 아래로 굴리면서 큰 발을 들어 내 배를 짓누를 것만 같았기 때문이다. 비파를 들고 발아래로 악귀를 짓누르고 있는 북방 다문천왕의 다리를 만졌다. 사천왕이 안쓰러웠다. 임진왜란의 화마 속에서 살아남았던 보림사도 토벌대는 피하지 못했다. 유치면 사람들은 토벌대 이야기를 하면서 살아 있는 것이 죄스럽다고 했다. 사천왕도 불타는 보림사와 마을을 지켜내지 못하고 살아남은 것이 고통이었을 것이다. 사천왕처럼 유치면 사람들은 눈을 부릅뜨고 어금니를 꽉 깨문 채 힘든 세상을 버텨 왔다.

유치면이 소개되면서 마을 사람들은 토벌대에 의해 강제로 장흥읍으로 쫓겨났다. 집을 잃은 유치면 사람들은 탐진강 모래사장에서 5년여 동안 천막을 치고 살았다. 그 기간에 수많은 유치면 사람이 추위로 얼어 죽었고 굶주림으로 목숨을 잃었다. 치매에 고통받던 할머니는 유치면에서 피난 온 젊은 아낙이 굶주리는 것을 미처 알지 못해서 죽게 했다고 애달파하며 울었다.

나는 다리를 절뚝거리면서 길을 나섰다. 발목은 부어오르고 발가락에서 피고름이 터졌지만, 사천왕처럼 어금니를 꽉 물고 걸었다. 유치면은 잿더미 위에서 재건되었지만, 댐 건설로 인해 영원히 지도에서 사라졌다. 유치댐 수몰로 끊겨 버린 옛 도로의 흔적을 찾아 걸었다. 은빛 물결을 일으키며 강을 거슬러 올라오는 은어 떼와 해오라기는 이제 옛이야기로만 남았다. 강가를 아름답게 수놓았던 초록의 습지는 콘크리트 벽에 갇혀 생명을 잃었다. 댐에서 흘러나오는 생기 잃은 물만이 하류로 흘렀다. 목포형무소에 갇힌 오빠와 아들을 보기 위해서 이백리 길을 마다하지 않고 걸었던 할머니와 증조할머니의 슬픔 어린 발자국도 댐과 함께 수몰되었다. 유치 계곡에서 징과 꽹과리를 치며 "검둥아, 누렁아, 워리, 워리, 멍멍"을 소리 높여 외쳤던 사람들의 함성도 푸른 물속에 갇혔다.

사라져 버린 해당리

사자산

동학농민전쟁 시기 패퇴하던 동학군이 마지막 전투를 치른 '석대들'을 지나서, 사자가 똬리를 틀고 앉아 있는 사자산을 향해 걸었다. 내 심장은 완주를 앞둔 마라톤 선수처럼 터질 것 같았다. 사자산 앞에 펼쳐진 넓은 들판에 할머니의 고향 마을인 해당리가 있었다. 나는 마지막 힘을 짜내어 빠른 속도로 발걸음을 옮겼다. 햇살이 들판에 반짝였다. 해당리 배롱나무가 붉은 꽃을 피우며 할머니의 오빠가 귀환하기를 기다릴 것이다. 비록 이름도 모르고, 유골을 찾지도 못했지만, 수인들의 흔적이 담긴 돌 조각을 찾았다. 아들과 오빠를 잃고 평생을 눈물 속에 살았던 두 할머니를 위해 내가 할 수 있는 유일한 일은 형무소 돌을 고향으로 가져가는 것이었다.

　석대들 들판을 향해서 머리를 든 사자의 모습이 뚜렷해졌다. 모내기를 끝낸 논에서 연초록 잎이 흔들거렸다. 사자산 들판 초입에 도착했다. 내 기억 속 해당리는 저수지를 따라 느티나무 고목들이 줄지어 서 있는 마을이다. 저수지를 지나 들판에 도착하자, 거대한 공사 현장이 눈앞에 나타났다. 마을은 송두리째 사라지고 굴착기가 암반을 깨고 불도저가 땅을 밀고 있었다. 배롱나무도, 마을 사당도 없었다. 나는 핸드폰을 열어서 인터넷 지도로 위치를 확인했다. 내가 서 있는 곳은 틀림없이 해당리였건만, 장흥군 바이오식품 산업단지가 조성되면서 해당리는 송두리째 사라지고 없었다. 나는 낙심했다. 저수지를 둘러싼 벚나무 아래에 주저앉았다. 배낭에서 물을 꺼내 마시고 등산화를 벗었다. 발바닥이 헐어 피가 묻은 양말도 벗어 버리고, 땀에 젖은 등산복을 바닥에 깔고 누웠다. 기억 속에 남아 있는 해당리의 풍경이 가물거렸다. 바람에 날리던 벚꽃이 수북하게 내 몸을 덮었다. 공사장 소음이 저수지까지 들려왔다. 갑자기 코끝이 찡해져서 형무소 돌 조각을 어루만졌다.

푸른 하늘을 배경으로 왕관을 쓴 사자처럼 늠름하게 앉은 사자산은 여전히 해당리를 내려다보고 있었다. 사자산 품 안에는 증조할머니와 할머니가 있었다. 할머니의 오빠는 지독한 가난에 시달리며 소작농을 하는 마을 사람들을 위해서 토지개혁 운동을 했다. 똑똑하고 야물었던, 할머니의 오빠를 그리워했던 해당리 사람들도 사자산에 함께 있을 것이다.

나는 벚꽃을 털고 일어났다. 사자산으로 가는 길은 철쭉이 만개해 있었다. 그 사이로 솜사탕 같은 구름이 푸른 하늘을 유영

했다. 연분홍 철쭉으로 물든 사자산에는 꽃비가 내렸다. 사자산 자락에도, 동학군의 피로 물들었던 석대들 들판에도, 할머니의 비석에도 분홍 꽃비가 내렸다. 내 눈썹 끝에는 분홍 물방울이 맺혔다.

할머니가 보낸 초대장

목포형무소 돌을 철쭉이 만개한 사자산 자락, 할머니 묘소에 묻었다. 형무소 돌을 흙으로 덮을 때 하얀 나비가 날아왔다. 나비는 부드럽게 날며 느리게 춤을 추었다. 고향 마을 당골은 할머니가 나비로 다시 태어났다고 했다. 화려한 날개를 접은 나비는 형무소 돌이 묻힌 흙 위에 미동 없이 앉아 있었다. 따뜻한 햇볕이 머리 위에 쏟아져 내렸다. 그 기운이 온몸으로 스며들어 심장까지 따뜻해지는 듯했다. 내 얼굴에는 슬며시 미소가 번졌다.

내 삶의 등대가 되어 준 할머니가 세상을 떠난 뒤, 내 일상은 혼란스러워져 가기만 했다. 대양을 떠도는 플라스틱 쓰레기처럼 이곳저곳을 떠돌았고 연속되는 실패를 맛보았다. 내가 무엇을 원하는지, 어떤 삶을 살고 싶은지에 대한 고민조차 할 수 없을 정도로 우울했다. 목포에서 장흥은 버스로 한 시간이면 갈 수 있는 거리였다. 나는 일제강점기에 건설된 낡고 오래된 국도에서 형무소 돌과 함께 온전히 두 발로, 다리로, 몸으로 걸으면서 증조할머니와 할머니가 걸었던 길을 걸었다. 할머니의 오빠를 찾기 위해서 걷는 길은 할머니가 나에게 내민 삶의 초대장이었다. 길 위에서 내 삶은 다시 시작되고 있었다. 이 길의 끝에, 무엇이 나를 기다리고 있을지 몰랐다. 하지만 내 삶의 열쇠를 발견할 것이라는 믿음이 있었다. 나는 사자산을 내려와서 다시 길 위에 섰다. 여행의 종착지가 정해지지 않았지만, 할머니의 오빠처럼 국가 권력에 의해서 억울하게 희생된 사람들의 이야기를 더 듣고 싶었다. 나는 진주조개처럼 상처를 가슴에 품고 사는 사람들이 하늘나라로 여행을 떠나기 전에, 그들을 만나러 서둘러 길을 나섰다.

신들의 섬, 죽음의 섬

1965년 인도네시아 대학살

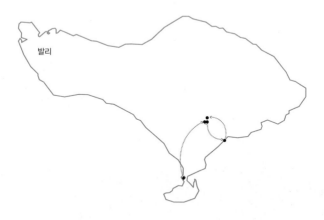

발리

여행 경로　응우라 라이 공항 ▶ 우붓 발레 반자르 ▶ 펠리아탄 경찰서 ▶ 추추칸 해변
　　　　　▶ 페툴루 마을

인도네시아 국가보안법

인도네시아의 수하르토 독재정권은 1945년에 제정된 국가보안법을 바탕으로 무소불위의 권력을 휘둘렀다. 군부정권은 공산주의의 위협으로부터 국가를 지켜야 한다는 명분으로 1965년 학살을 자행했다.

1965년 인도네시아 대학살

인도네시아 초대 대통령인 수카르노는 반미 성향이 강했기에, 미국은 인도네시아가 소련의 영향권에 편입될 것으로 전망하고 있었다. 하지만 1965년 공산당의 쿠데타 시도(9·30사건)를 계기로 친미 성향의 군부가 집권하면서 이런 상황은 180도 반전됐다. 군부는 쿠데타 배후 세력을 척결한다는 이유로 무차별 살상을 저질렀고, 수카르노 체제는 그대로 붕괴했다.

인도네시아 학살은 1965년과 1966년 사이에 공산주의자, 화교 및 좌익으로 간주된 자들에 대해 벌어진 대규모 살해 행위였다. 당시 초대 대통령 수카르노의 지지 기반이었던 공산당은 3백만 명의 당원과 2천 6백만 명의 지지기반이 있었다. 군부는 공산당에 대한 대대적인 학살을 주도면밀하게 계획해, 각 도시의 특공대에 공산당을 죽이라는 무선 전보를 내렸다. 1965년 10월 첫째 주부터 공산당원에 대한 체포가 대대적으로 시작되었다. 이러한 군사작전은 반공단체 및 군대 산하조직을 통해서도 이루어졌으며, 공산당을 죽이기 위한 목적으로 동원된 이들에게는 총기와 금품이 지원되었다. 수도 자카르타에서 시작된 학살은 자바 섬 전체로 퍼져 나갔고, 그 뒤 바다 건너 발리 섬에서도 학살이 시작되었다. 학살에 동원된 군인들과 민병대는 공산당 당원뿐만 아니라 당원으로 의심된 자들까지 모두 죽였다. 집단 학살이라는 반인도적 범죄가 시작되고 채 2년이 되지 않아 수하르토는 수카르노 대통령을 축출하고 권력을 차지했으며, 1968년 인도네시아 제2대 대통령에 취임하여 32년간 철권통치를 했다.

1998년까지 이어진 수하르토 대통령의 독재정권하에서는 집단 학살의 피해자를 국가의 배신자로 묘사하는 공격적인 선전이 벌어졌다. 집단학살 피해자의 가족은 대학 입학을 거부당하고 직업을 잃었다. 수천 명의 공무원과 군인이 수카르노를 지지했다는 의혹을 받고 일자리에서 쫓겨났다. 정치범으로 투옥되었던 수백만 명의 신분증에는 '정치범'이라는 낙인이 찍혔다.

판차실라 청년단 Pemuda Pancasila, PP

판차실라 청년단은 인도네시아의 준군사조직으로, 1965년 수하르토의 쿠데타가 성공하는 데 상당한 역할을 했다. 또한 지방 민병대를 창설하여 전국적으로 공산주의자들을 살해했다. 이들은 수하르토의 독재기간 동안은 정부를 지지하는 비공식적 정치단체로 활동하며 정치·경제적 기득권을 행사했다. 8만여 명의 발리 주민들을 학살한 타멕도 판차실라 청년단 산하의 발리 지역 민병대였다.

1965~1966년 인도네시아 학살 연구재단
Yayasan Penelitian Korban Pembunhan 1965~1966, YPKP65

1965년 학살 사건의 생존자들이 진실규명을 요구하며 1999년 결성한 단체이다. 1965~1966년 대학살의 진상을 규명하고 피해자 배·보상 및 국가 폭력에 대한 사과를 요구하며 활동하고 있다. 매주 목요일마다 자카르타에서 1965년 학살 사건을 세상에 알리고 진상규명과 명예 회복을 요구하는 집회를 이끌고 있다.

페툴루 마을 바니안나무 재단

신들의 섬, 죽음의 섬

아름다운 낙원에 숨겨진 진실

자전거를 타고 베노아 항구에 도착했다. 밤에 출항했던 고깃배들이 돌아오는 시간이었다. 어부들은 아이스박스에 담긴 생선을 항구로 옮겼다. 다른 어부들은 그물을 털면서 떨어진 하얀 조각 같은 잔해를 모아서 코코넛 껍질에 넣었다. 나는 코코넛 껍질 안을 들여다보았다. 하얀 조각은 파도에 의해 조약돌처럼 둥글게 깎여 있어서 사람 뼈인지, 동물 뼈인지 구분이 어려웠다. 어부는 그물을 다 털고, 코코넛 껍질을 하얀 수건에 싸서 어디론가 가져갔다. 그게 무엇인지 물어보았지만, 그들은 입을 다문 채 시선을 피했다. 나는 어깨를 늘어뜨린 채 항구 주변을 서성거렸다.

다이버들을 가득 태운 배가 항구로 들어오고 있었다. 한 다이버가 오리발을 떼고 방파제로 올라왔다. 그는 하얀 보자기로 싼 코코넛 껍질을 항구에서 기다리던 하얀 옷을 입은 힌두교 사제에게 건넸다. 나는 배에서 무거운 스쿠버다이빙 장비를 내리는 일을 도우며 코코넛 껍질 속에 무엇이 있는지 물었다. 군살 하나 없는 몸에 근육이 탄탄해 보이는 다이버가 산소통을 옮기 며 대답하기를, 바다 밑에서 발견된 유골이라고 했다. 그는 발리 의 '프리 윌리'라고 불리는 경험이 많은 다이버였다. 프리 윌리 는 내가 건네는 시원한 물을 마시고 입안의 짠맛을 헹구어 냈다.

그가 목격한 바닷속 검은 모래가 쌓인 산호초 바닥에는 두 개골, 갈비뼈, 엉치뼈 등이 산더미처럼 쌓여 있었다. 바다에서 발견된 유골은 힌두교 사제에게 건네 화장식을 해 준다고 했다. 1965년 겨울부터 1966년 초봄까지, 바닷속뿐만 아니라 육지에 서도 살해된 십만여 명의 흔적을 찾는 일은 어렵지 않았다. 남부 사누르 해안의 버려진 놀이동산에서부터 아궁산까지 학살 장소 는 수없이 많았다. 학살자들은 사람을 죽이고 발리의 산과 바다 에 버렸다. 공산당으로 몰려 죽은 사람은 장례조차 치르지 못했 다. 발리에는 공산당으로 몰려 죽어서 이승을 떠도는 귀신 이야 기가 흔했는데, 그래서인지 사람들은 밤 외출을 꺼렸다.

신혼 여행객들이 이용하는 풀빌라로 유명한, 남부 해안의 호텔 대지는 1965년 발리 학살을 지휘했던 인도네시아군 사령부 가 있었던 주둔지였다. 호텔 개발 회사는 군용지를 저렴하게 인 수하여 호텔을 건축했다. 공사 과정에서 나온 수천의 유골은 먼 바다로 나가서 버렸다고 기록되어 있었다. 호텔이 완공된 이후, 전기가 자주 끊어지고 투숙객이 귀신을 보고 공포에 떨었다는 소문이 돌았다. 학살지 위에서 사랑을 나누는 신혼여행 부부를 생각하니 등골이 서늘해졌다.

1965년의 발리 학살은 현재까지도 진행 중이었다. 아침마다 사원에 정성스럽게 차낭 사리를 올리는 아주머니는 남편과 아들을 죽인 학살자를 이웃에 두고 살고 있다. 죽창으로 이웃을 죽인, 잔인한 타멕(발리의 민병단)의 열성 대원이었던 그도 이제는 늙었다. 늙어서 거북이처럼 느릿해진 노인네는 매일 아침 지팡이에 의지하며 집 앞을 천천히 지나갔다. 아주머니는 노인네가 사라지면 식은땀을 흘리며 자리에 주저앉았다. 우붓의 작은 마을에서는 공산당이라는 이유로 친구가 친구를, 형이 동생을 죽였다. 타멕에 가족을 잃은 아주머니에게 이 이야기를 들은 그날 이후, 나에게 발리는 더이상 힐링의 낙원이 아니었다. 사람이라는 탈을 쓰고, 이념이 다르다는 이유만으로 친구나 가족을 동물처럼 학살한 무서운 곳이었다.

푸른 빛 그리고 그림자

응우라 라이 공항Ngurah Rai Airport

고도를 낮춘 비행기가 방향을 틀어서 발리 동부 해안으로 내려가고 있었다. 창밖에는 푸른 바다와 어우러진 흰 파도, 아름다운 모래사장의 풍광이 장관을 이루고 있었다. 비행기가 검은 모래 해안 위를 낮게 날자, 승객들은 비행기 창문을 통해 보이는 풍경을 카메라에 담기 시작했다. 신들의 섬이라고 알려진 발리는 아름다운 산, 푸른 바다, 모래사장까지, 휴식과 놀이를 동시에 즐길 수 있는 일종의 거대한 테마파크와도 같은 여행지였다.

비행기 창문으로 세계의 배꼽이라고 불리는 아궁산이 보였다. '불의 신이 사는 산'이라는 이름의 아궁산은 자욱한 연기를 내뿜고 있었다. 1964년 분출로, 아궁산 화산재가 섬 전체를 뒤덮었고 세상은 어두워져 한 치 앞도 보이지 않았다. 아궁산 기슭의 마을들은 마그마에 사라졌고 식물도 화산재에 말라 죽었다. 마을 주술사는 다가올 대재앙을 예언했다. 화산이 폭발한 지 일 년이 지난 1965년 가을, 인도네시아 군부는 쿠데타로 권력을 잡았다. 그 이후, 공산주의자를 색출하고 학살하는 피바람이 불었고 수백만 명의 사람들이 잔혹하게 학살당한 채 산과 바다에 버려졌다.

해안선을 따라 낮게 나는 비행기 아래로는 짙푸른 열대 우림과 높은 파도가 검은 모래 해변을 삼키고 있었다. 나는 『낙원의 어둠』이라는 발리에 관한 책을 읽었다.[1] 발리는 힌두사원에 다니는 사람들이 밤낮으로 영적인 삶을 살고 있다는 관광 이미지를 파는 곳이다. 그 이미지와는 달리 1965년 겨울, 수하르토가 보낸 군부대는 민병대를 동원하여 지구상 그 어느 곳보다 잔인하게 사람들을 동물처럼 도륙했다.

비행기가 덜컹거리며 활주로에 앉았다. 발리 공항에는 전통 음악인 가믈란이 흐르고 있었다. 컨베이어 벨트에서 짐이 나오기를 기다리는 동안 발리 관광 홍보영상을 보고 있자니, 발리는 초록빛 산과 들, 파란 바다, 아름다운 산호초, 연기를 내뿜는 화산, 아름다운 사원이 있고, 열대 동물, 그림처럼 아름다운 사람들이 사는 낙원이었다. 그 어느 곳에서도 발리의 어두운 과거를 찾을 수 없었다.

"슬라맛 다땅"[*]

전 세계에서 온 관광객들로 번잡한 입국장을 빠져나가자 전통 사롱을 입은 택시 운전기사가 합장하며 밝은 미소로 인사를 건넸다. 택시는 천천히 움직여 공항을 빠져나왔다. 공항도로를 통제하고 있는 교통경찰은 신의 섬 발리의 일원답게 귀 뒤에 화려한 꽃을 꽂고 관광객들에게 인사를 건넸다.

원혼들은 물소를 타고

우붓 발레 반자르 Bale Banjar in Ubud

7월이면 발리는 비가 내리지 않는 건기가 시작된다. 마을 사람들은 화장식 준비로 매우 분주했다. 이곳은 사람이 죽으면 시신

◆ 어서 오세요.

을 화장하고 유골을 바다에 뿌린다. 그래야만 부정해진 영혼이 정화되어 하늘로 올라간다고 믿었다. 화장 의례를 거친 영혼만이 조상신이 되어 나중에 후손으로 다시 태어난다고 믿었다. 그 때문에 발리 사람들에게 화장식은 생애 가장 중요한 행사였다. 남자들은 마을 광장에 있는 회관인 발레 반자르(Bale Banjar)에서 화장에 필요한 장례용품을 만들었다. 여자들은 제례에 사용될 공양물을 담는 바구니를 만들거나 제례 음식을 만들었다.

나는 자전거를 타고 발리의 마을회관인 발레 반자르에 도착했다. 마을 화장식에서 사용될 나무 물소 관을 만드는 끄뜻을 도와 물소 장식을 했다. 발리 사람들은 영혼이 소를 타고 천국에 간다고 믿었다. 그래서 물소 관은 세상을 구성하는 네 가지 원소를 상징하는 검은색, 흰색, 노란색, 빨간색으로 칠했다. 끄뜻은 물소에게 큰 눈과 풍성한 속눈썹을 그려 넣고 있었고 마을 남자들은 화장식에 필요한 목공 장식을 하고 있었다. 나도 마을 사람들을 도와 물소에 걸어 줄 금잔화 꽃목걸이를 만들면서 누구의 관인지 물었다. 전통그림을 그려서 화랑에 파는 전문 화가인 끄뜻은 내 질문에 잠시 손놀림을 멈추고, 어두운 시절에 죽은 사람들의 관이라고만 했다. 그는 주변 눈치를 살피더니 침묵하고 물소의 눈을 그려 나갔다. 그의 손길이 닿자 나무 물소의 눈꼬리는 높이 올라갔고 관능적인 아이라인이 생겨났다. 마을회관에서 화장식을 준비하던 마을 사람들은 우리의 대화를 애써 모른 척했다. 그들도 무엇인가 아는 표정이었지만 모두 입을 다물었다. 나는 마을 사람들의 불편한 기색을 피해 마을회관에서 나왔다. 마을회관 앞에서 담배를 피우던 흰색 윗옷과 초록색 사롱을 입은 어르신이 가쁜 숨을 내쉬면서 공산당으로 몰려 죽은 마을 사람들의 관이라고 일러주었다.

발리 섬은 인도네시아의 1965년 학살에서 가장 치명적인 피해를 입은 곳이었다. 당시 발리 섬은 초대 대통령 수카르노의 정치기반이었고 인도네시아 공산당 본부가 있었다. 수카르노 대통령은 저우언라이, 호찌민, 흐루쇼프, 네루, 김일성 등을 비롯한 비동맹 외교의 정상들을 발리로 불러들여 국제외교전의 전진기지로 삼았다. 초대 수카르노 대통령을 몰아내고 집권을 꿈꾸는 수하르토 소장에게 발리 섬은 토벌대상의 우선순위가 되었다.

발리 지방정부의 공산당은 봉건영주들 밑에서 시름하던 소작농과 노동자 편에 서서 농지개혁 캠페인을 적극적으로 펼쳤다. 발리는 인도네시아에서 처음으로 식량배급과 공동 경작제를 도입하여 농노제를 타파해 나갔다. 그러나 1965년 12월 초, 자카르타에서 수하르토 소장이 보낸 토벌부대가 발리에 상륙했고, 토벌부대는 지방 민병대인 타멕을 조직하여 총기와 자금을 지원했다. 마을마다 처형할 사람의 수를 할당받은 타멕은 공산당에 가입한 적 없는 사람들도 살해했다. 1965년 12월부터 1966년 1월 사이에 8만여 명의 발리 사람들이 살해당했음에도 군과 민병대는 유가족들이 시신을 수습해 장례 치르는 것을 금지했다.[2]

2014년 조코 위도도 대통령이 이끄는 인도네시아 민주정부가 들어선 이후, 발리 마을 사람들은 조심스럽게 집단 학살 매장지를 발굴하여 화장식을 준비했다. 발리 사회에서 여전히 힘을 행사하고 있는 민병대나 경찰요원들은 수시로 화장식 준비현장을 찾아왔다. 매장지에서 발굴한 유류품을 압류하고, 유골 발굴이 국가안보에 위협이 된다는 이유로 압력을 가했다.

그건 공산당이 하는 일

<u>펠리아탄 경찰서</u>Peliatan Police Station

발리 사람들은 항상 서로의 목적지가 분명하게 입력되어 있어야만 평온을 느끼는 듯했다. 그것은 여행자인 나에게도 예외는 아니었다. 마을 사람들은 내가 마을을 어슬렁거리면서 담장에 핀 꽃이나 낮잠 자는 고양이를 사진 찍는 것을 보고 불안해했다. 그 날은, 내가 마을 광장에 늘어진 거대한 바니안나무를 촬영하던 날이었다. 경찰이 오토바이를 타고 광장을 지나다가 마을 사진을 찍는 내 앞을 가로막았다. 경찰 제복 상의를 입은 그는 금박 무늬가 박힌 녹색 사롱 하의를 입고 있었다. 터번에는 하얀색 캄

보자꽃을 꽂았다. 그는 의심스러운 눈초리로 내 신상을 확인하고 들고 있던 카메라를 낚아채 사진을 확인했다. 카메라에는 마을 사람들이 화장식을 준비하는 모습이나 아주머니들이 차낭 사리 바구니를 머리에 이고 사원에 가는 모습, 고양이가 낮잠 자는 모습이 들어 있었다. 그는 카메라를 돌려주면서 마을을 어슬렁거리는 일은 공산당이나 하는 일이라고 몰아붙였다.

마을 사진을 찍었을 뿐인데, 공산당이라는 말까지 들으니 당황스러웠다. 마을 광장에서 경찰과 나의 실랑이를 지켜보던 사람들은 겁을 먹은 채 눈길을 바다으로 떨어뜨렸다. 발리 마을에서 공산당으로 낙인찍히는 것은 공동체에서의 매장을 의미했다. 경찰에게 무슨 근거로 그렇게 말하는지 묻자, 그는 걸터앉았던 오토바이에서 내려와 수첩을 꺼냈다. 그는 볼펜을 들고 나를 위아래로 훑으며 의심스러운 눈초리로 쏘아보더니, 심문하듯이 나의 종교생활에 관해 물었다. 내가 무종교주의자라고 대답하자, 그는 확신한 듯 더 많은 질문을 쏟아냈다. 발리에 온 목적부터 한국의 집 주소까지 꼬치꼬치 묻고, 마을 사람들에게 나에 관해 캐물었다. 겁에 질린 마을 사람들이 대답을 얼버무리자, 그는 근엄한 목소리로 내가 관광객을 가장한 공산당원이라고 자신 있게 말했다. 내가 무종교인인 것과 관광지를 벗어나 마을을 이유 없이 헤매고 다닌 것이 그 증거라고 했다.

"뭐, 외국인이니 이번에는 내가 넘어가 주지. 대신 신을 믿도록 해."

경찰은 나를 계속 지켜보겠다고 경고한 뒤, 마을 입구에 있는 경찰서를 향해 오토바이를 몰았다. 병아리색으로 칠해져 사탕 가게처럼 보이는 경찰서 건물은 재스민 꽃향기가 짙게 배어 있는 듯했다.

1965년 인도네시아 전역으로 학살이 퍼져나갈 무렵, 신을 믿지 않는 공산당은 최저의 부류로 그들을 죽이는 것은 닭을 잡는 것과 마찬가지라는 설교가 이슬람 사원을 통해서 퍼져나갔다. 수하르토의 학살부대는 무종교인들을 공산당으로 분류하고 살해했다. 먹고살기 바빠서 종교생활을 열심히 할 수 없었던 사람들도 공산당으로 몰려서 살해되었다.[3] 캄보디아에서는 안경을 쓴 사람들이 인텔리로 몰려 학살되고, 인도네시아에서는 종교가 없는 사람들이 죽임을 당하는 어처구니 없는 일들이 일어났다. 발리에만 3만여 개 이상의 사원이 있는 것과, 마을 사람들이 힌두교 제례의식에 목을 매는 이유를 이해할 수 있을 것 같았다. 사람들은 하루에 다섯 번씩 제례를 올리면서, 신을 믿는다는 것을 매일매일 증명했다. 그들이 종교에 그토록 집착하는 이유는 공산당으로 몰리지 않기 위해서이기도 했다. 마을 아주머니들이 하루에도 수차례 꽃과 과일바구니를 들고 사원으로 향했던 이유도 살아남기 위해서였다.

경찰이 떠난 후, 마을 사람들은 나와 눈을 마주치지 않으려 했다. 더러는 대문을 닫고 집 안으로 들어갔다. 화장식 준비로 활기찼던 마을이 갑자기 적막해졌다. 사람들이 사라진 텅 빈 마을 광장에 고양이 몇 마리와 나만 덩그러니 남겨졌다. 친절했던 마을 사람들은 마치 내가 전염병에 감염이라도 된 것처럼 나를 피했다. 학살이 일어난 지 반세기가 흘렀음에도, 발리 사람들에게 공산당이란 여전히 멀리해야만 하는 단어였다. 당장 나의 마을 생활이 어려워졌다. 경찰에 의해 공산주의자로 지목된 이후 사람들이 나를 다르게 대한 탓이다.

"슬라맛 빠기"♦

차낭 사리를 올리러 가는 마을 아주머니에게 반갑게 인사를 건넸다. 하지만 매일 반갑게 인사를 받아 주던 아주머니는 내 눈을 피한 채 사원을 향해 곧장 걸어갔다.

"슬라맛 빠기, 슬라맛 빠기"

나는 부질없이 논두렁길에서 마주친 오리 떼에 말을 걸었다. 다행히 오리들만큼은 싸늘했던 아주머니와는 달리 꽥꽥거리며 인사를 받아 주었다. 경찰이 나를 공산당으로 지목한 이후, 마을 사람들은 내가 사원에서 기도하는 것도, 마을 화장식 준비를 돕는 것도 불편해했다. 동물 세계에서는 공산당이라는 이유

♦ (아침인사) 안녕하세요.

로 친구가 친구를 죽이지 않는다. 형이 동생을 죽이고 이웃이 이웃을 죽이는 일도 없다. 나를 변함없이 환영해 주는 친구는 고양이와 오리뿐이었다. 나는 마을을 떠나 길을 나섰다.

검은 모래를 덮은 하얀 유골들

추추칸 해변 Cucukan Beach

눈부시게 아름다운 녹색의 향연이 펼쳐진 논길을 자전거로 달려, 학살이 일어났던 계곡과 해안가를 집중적으로 살폈다. 자카르타에서 파견된 학살부대는 공산당으로 몰린 발리의 사회운동가들을 발리 동해안으로 끌고 가 살해했다. 그곳으로 안내해 줄 사람을 수소문하다 만난 관광 가이드는 정중하게 거절하면서, 다른 관광객처럼 관광지에 가라고 권유했다. 그럼에도 불구하고 나는 우붓에 있는 여행사들을 계속 찾아다녔다. 학살지에 관해 묻고 다니는 한국 여자에 대한 소문은 우붓 전역에 빠르게 전해졌고, 시내를 걸어갈 때마다 사람들의 경계심 어린 눈초리를 느낄 수밖에 없었다.

　나는 상한 마음을 추스르며 논길을 달렸다. 검은색 옷을 입고 생명이 생동하는 초록색 들판을 지나는 내 모습은 마치 죽음의 사자가 생명을 거두러 가는 것처럼 보였을 것이다. 나뭇가지 사이에 앉아 있던 원숭이도 내 모습을 보고 꽥꽥거렸다. 흰색 윗옷과 초록색 사롱을 입은 와얀이 오토바이를 타고 지나가다 내 앞에 멈추었다. 그는 매우 불만스러운 표정으로 내 옷차림을 뚫어지게 바라보더니, 검은색 옷 때문에, 사람을 죽이러 다니는 타멕 같아 보인다며 바꿔 입을 것을 강권했다.

1965년 학살 당시, 군부대에 의해 훈련된 민병대인 타멕은 검은색 두건을 쓰고 검은색 옷을 입고 죽창과 칼로 사람을 죽였다고 했다. 군인들과 검은 옷차림의 타멕은 트럭을 타고 마을로 와, 총을 들고 공산당을 잡으러 왔다고 고함을 지르며 집집마다 들이닥쳤다. 그리고 붙잡힌 사람들에게 흰옷으로 갈아입으라고 명령했다. 발리에서 흰색은 수의와 장례식 문상객들의 옷에 사용되는 죽음의 색으로, 흰옷으로 바꿔 입은 사람들은 운명을 받아들인 듯 사당에 인사를 올리고 말없이 그들을 따라나섰다. 그들은 마을 사람들을 가축 다루듯 트럭에 싣고 해변으로 향했다. 놀란 원숭이가 캑캑거리며 마을 사람들이 실린 트럭 뒤를 쫓아갔고, 논두렁에서 놀던 오리도 벼 이삭 사이에서 숨을 죽였다. 발리 전역에서 흰옷을 입은 채 끌려온 수만 명의 사람들은, 해변의 바닷물이 빨갛게 물들 때까지 검은색 옷을 입은 타멕에게 죽임을 당했다. 발리의 산과 들, 바다, 동물마저도 죽음의 파도가 몰려와 사람들의 목숨을 한순간에 앗아간 사실을 아는 듯했다.

와얀은 시내에서, 학살지를 찾는 한국 여자에 관한 이야기를 들었다고 했다. 우붓에 도착한 이후 여러 가지 도움을 줬던 와얀은 나를 학살지에 데려다주고 싶다고 했다. 그러나 이 일은 마을 원로들의 신경을 거슬리게 하는 일이었고, 최악의 경우 와얀이 마을에서 추방당할 수도 있었다. 와얀을 말렸지만, 그는 학살지에 가는 일에 동참하고 싶다고 했다.

사실, 이 마을에는 어두운 비밀이 하나 있었다. 1965년 12월, 마을 사람들이 바다로 끌려 간 후, 타멕은 흰옷을 입은 다른 마을 사람들을 트럭에 가득 싣고 왔다. 발리 서부에 사는 산간 마을 청년들이었다. 타멕은 살아남은 마을 사람들에게 산간 마을 청년들을 살해하라고 명령했다. 거부한다면 청년들의 숫자만큼 마을 사람들을 죽이겠다고 협박했다. 타멕의 감시하에 마을 사람들은 생면부지의 사람들을 날카로운 칼로 죽인 다음, 시체를 바다에 버렸다. 닭도 죽이지 못했던 와얀의 아버지는 살아남기 위해 칼로 사람의 목을 내려쳤다. 그는 죽는 날까지 그 죄의식에서 벗어나지 못했다. 학살 이후, 마을에 이상한 일들이 일어나기 시작했다. 학살에 참여했던 마을 사람들은 병으로 시름시름 앓다가 죽어 갔고, 수많은 마을 사람들이 스스로 목숨을 끊었다. 마을 사람들이 사원에서 제례를 열심히 올렸지만, 아무런 소용이 없었다.

다음날 이른 아침, 와얀은 검은 모래의 광채가 가득한 해안길로 차를 몰았다. 와얀은 라디오를 크게 틀고 노래를 흥얼거렸다. 1965년 학살만 없었더라면, 발리의 산과 들, 마을, 해변은 숨막힐 정도로 아름다웠을 것이다. 해안 사구에 난 좁고 울퉁불퉁한 도로와 전직 대통령의 별장 지대를 지나, 야자나무로 얼기설기 엮어 만든 작은 오두막 앞에 도착했다. 높은 파도와 검은 모래, 야자수가 펼쳐진 바다가 눈앞에 다가섰다. 알록달록한 서핑보드 위에서 화려한 나비처럼 날갯짓하며 파도를 타는 사람들이 보였다. 바다 건너편으로 발리의 이웃 섬인 롬복의 해안선이 보였다.

1965년 크리스마스, 군인들은 발리 전역에서 사람을 가득 태운 트럭을 추추칸 해변으로 몰고 왔다. 추추칸 마을 사람들은 비명과 총소리를 듣고 해변으로 모여들었지만, 중무장한 군인들이 접근을 막았다. 잔혹한 학살은 3주 동안이나 지속되었다. 군인들이 떠난 해변에는 수백 개의 거대한 모래 구덩이가 남아 있었다.

2013년 1월, 초대형 태풍이 발리 동부 해안을 강타했을 때, 바다 밑에 쌓여 있던 수천 개의 유골이 추추칸 해변으로 밀려왔다. 해변의 검은 모래가 보이지 않을 정도로, 하얀 유골이 해변을 뒤덮었다.[4] 추추칸 마을 사람들은 해변 가득 널린 뼛조각들을 빠짐없이 모아, 정중하게 화장하고 화장식을 성대하게 치러 주었다. 그리고 유골의 재를 야자열매 껍데기에 넣어 바다에 띄워 보냈다.

와얀은 사람을 찾아 오두막 안으로 들어갔다. 그는 햇볕에 검게 그을린 '구스티'라는 사내와 악수를 했다. 그는 '전사'라는 의미를 가진 자신의 이름처럼, 바다에서 밀려오는 악령들로부터 추추칸을 지키는 일을 하고 있었다. 구스티는 폭풍우에 드러난 해변의 거대한 구덩이로 우리를 데려갔다. 이 구덩이 속에서 수천의 유골이 쏟아져 나왔다고 했다. 나는 구덩이 속으로 내려가 검은 모래 한 줌을 들어 올렸다. 총상에도 숨이 끊어지지 않았던 사람들은 검은 모래 속에서 마지막 숨을 내쉬며 눈을 감았을 것이다. 밀물 때가 되자, 파도가 해변으로 밀려왔다. 모래 구덩이에 스며든 바닷물은 학살의 흔적을 하나둘 지워냈다. 보석처럼 햇빛에 반짝이는 검은색 모래사장에 높은 파도가 몰아쳤다.

크리스마스에 내리는 별똥별 눈물

페툴루 마을Petulu Village

산허리가 분홍색으로 물들기 시작했다. 석양이 내린 논다랑이에는 분홍 물결이 일었고, 오리 떼는 줄지어 집으로 향했다. 와얀은 굽이굽이 산허리를 맴도는 산길을 따라 차를 몰았다. 분홍빛으로 물든 구름 아래로는 코코칸〔백로〕떼가 날고 있었다. 코코칸을 따라 힌두교의 크리슈나 신이 머문다는 바니안나무가 숲을 이루는 페툴루 마을에 들어섰다. 와얀이 코코칸이 내려앉은 바니안나무 아래에 차를 세웠다. 수천의 코코칸 울음소리는 비행기의 이착륙 소리만큼이나 요란했다. 코코칸의 분비물이 머리와 어깨 위에 비처럼 떨어졌다.

바니안나무 앞에서는 허리 굽은 할머니가 인도네시아의 대표 음식인 미고렝과 과일을 접시에 담고 있었다. 할머니는 면으로 만든 미고렝을 접시에 담아 바니안나무 앞에 마련된 제단에 올렸다. 고등학생이었던 할머니의 아들도 타멕에 의해 끌려갔고 시신을 찾지 못해 장례조차 치르지 못했다. 할머니는 굶주린 채 구천을 헤맬 아들을 위해, 하루 세 번씩 음식을 마련했다. 음식은 아들이 즐겨 먹었던 사테나 나시고렝으로 준비했다.

학살에서 살아남은 사람들은 경찰과 타멕의 눈을 피해 위령제를 지내고 피해자의 유품을 화장해 바다에 뿌렸다. 그 이후, 마을에는 평화를 상징하는 코코칸이 찾아왔다. 처음에는 한두 마리이던 것이 시간이 흐르면서 천 마리가 넘는 코코칸 떼가 마을 사람들이 살해된 동해안 바닷가에서 발리 중앙의 산간 마을까지 매일같이 찾아왔다. 코코칸은 석양이 지면 마을로 돌아와 바니안나무 위에서 잠을 청하고, 다음날 아침이 되면 다시 동해안 바닷가로 돌아갔다. 자식을 잃고 비통에 잠긴 부모들은 외진 바닷가에서 헤매는 자식들의 영혼이 부모를 보살피기 위해 코코칸의 등을 타고 마을로 돌아온다고 믿었다.[5]

어둠이 지자, 할머니는 제물을 머리에 이고 대나무 장대에 꽃과 벼 이삭 그리고 황금색 술 장식이 어우러진 펜조르가 세워져 있는 사원 안으로 들어갔다. 할머니를 따라 들어간 작고 아름다운 연못 앞에는 바니안나무 세 그루가 웅장한 자태로 서 있었다. 흰옷을 입은 사제가 발리의 최고신 '상향위디와사'를 모신 탑 앞에서 기도를 올리고 있었다. 우리는 촛불을 켜고 마당의 평상에 앉아 사제의 기도가 끝나기를 기다렸다. 흰색 장화를 신은 것 같은 발리 고양이 한 마리가 기지개를 켜며 다가오더니, 제법 오랫동안 미동도 없이 나를 바라보다 떠났다. 씨앗을 쉼 없이 떨어뜨리던 성스러운 바니안나무는 사제가 기도를 끝내고 몸을 돌리는 순간에도 씨앗을 비처럼 떨어뜨렸다. 사제는 마치 내가 이곳에 올 것을 알고 있었다는 듯 내 눈을 지그시 바라보며 내 손에 바니안나무 씨앗을 꼭 쥐어 주었다.

1965년 크리스마스 무렵, 타멕을 앞세운 경찰이 페툴루 마을에 들어왔을 때 사제는 마을 뒷산의 수백 년 된 거대한 바니안나무 밑동에 난 구멍에 몸을 숨겼다. 사제는 어두운 구멍 안에서 신에게 기도하며 하루하루를 버텼다. 눈을 감으면 흰색과 금색으로 빛나는 천국의 모습이 보였다. 그가 할 수 있는 것은 바니안나무 열매를 먹고 나무 구덩이에 고인 물을 마시며 기도하는 것뿐이었다. 어둠 속에서 아침과 저녁을 구별할 수도, 며칠이 지났는지 알 수도 없었다. 그가 구멍 밖으로 나왔을 때, 아버지와 다섯 형제는 이미 세상을 떠난 뒤였다.

그도 가족을 죽인 자들을 찾아 복수하고 싶었다. 날카로운 칼을 손에 쥐고 가족을 공산당으로 밀고한 이웃집으로 향했지만, 차마 사람을 죽이지는 못했다. 복수하고 싶은 욕망이 일 때마다 학살당한 아버지와 형제들의 목소리가 그의 귓가에 아른거렸다. 이제 모든 것을 용서하자는 죽은 가족들의 부탁으로, 사제는 복수를 실행할 수 없었다. 가족을 죽인 이웃사람은 죽음보다도 더한 병마 속에서 고통받다가 죽었다. 바람에 흔들리는 바니안나무에서 씨앗이 떨어졌다. 그는 평화를 위해 기도하라고 하면서 내 손을 잡았다. 그는 우리가 골목 어귀를 벗어날 때까지, 대나무 잎들이 휘날리는 펜조르 앞에 서서 손을 흔들었다. 그날밤, 코코칸이 잠자는 바니안나무 위에 별똥별이 내렸다. 마을의 집에도, 논에도, 사원의 탑 위에도 별똥별이 내렸다. 별똥별은 별이 된 영혼의 눈물이라고 했다. 발리에서는 학살의 쓰나미가 밀려왔던 크리스마스 주간이 되면, 수많은 영혼이 눈물을 흘리는 듯 별똥별이 비처럼 내린다.

발리의 산과 바다는 기억한다

발리는 거대한 벌통처럼 조직된 봉건사회이다. 기존 사회의 틀에서 제외된 사람은 죽은 것처럼 살아야 했다. 특히, 1965년 학살 피해자 가족은 연좌제에 묶여 공무원이 될 수도, 결혼을 할 수도 없었다. 공산당이라는 낙인은 대를 이어 계속되었고 그들

은 학살에서 살아남은 것을 평생 후회할 수밖에 없었다.[6]

학살 피해자 가족은 마을을 떠나 자카르타와 같은 대도시로 이주해야만 했다. 마을에서 가장 예쁜 아가씨 뿌뚜는 덴파사르에서 학교를 다니다가 만난 남자와 결혼을 약속했다. 결혼 허락을 받기 위해 찾은 약혼자의 집에서, 그녀는 자신의 할아버지가 1965년 타멕에게 학살당했다는 사실을 알게 되었다. 힌두 문화에 따른 카스트가 확고한 발리 사회에서 농노제 타파 운동을 전개했던 할아버지의 혁명적인 행동은 발리 귀족층의 분노를 샀고, 가장 먼저 공산주의자로 몰릴 수밖에 없었다. 할아버지는 집으로 찾아온 타멕과 군인들에 이끌려 트럭에 몸을 싣고 끌려가기 직전, 집안의 금붙이를 가족들에게 건네며 마을을 떠나라고 당부했다. 할아버지가 학살되었는지조차 몰랐던 뿌뚜는 타멕의 단원이었던 약혼자의 할아버지로부터 그 사실을 들은 후, 결혼을 포기했다. 할아버지의 이야기를 들려주는 그녀의 맑은 눈에서 눈물이 멈추지 않고 흘러나왔다.

발리를 포함한 인도네시아에서 뿌뚜와 같은 이야기는 흔했다. 피해자는 유골조차 찾을 수 없었지만, 학살자들은 버젓이 사회 지도층으로 행세를 하며 유족들을 테러하고 위협하는 행위를 이어 갔다. 그들은 사람을 동물처럼 도륙했지만 그 누구도 처벌받지 않았다. 학살자들은 증거를 지우고 침묵했지만, 발리의 산과 바다는 진실을 기억하고 있었다. 폭풍이 불어오면 바다 밑에 가라앉은 유골이 밀려오고, 신축 공사장에서는 어김없이 유골이 쏟아져 나왔다.

정글의 '구능 티쿠스'

1948년 바탕칼리 학살

슬랑오르 주

쿠알라룸푸르

여행 경로 쿠알라룸푸르 국제공항 ▶ 티티왕사 산맥 ▶ 바탕칼리 새마을
▶ 바탕칼리 우루암 공동묘지 ▶ 티티왕사 산맥

말레이시아 국가보안법

1948년, 영국 식민지 정부는 전국에 비상사태를 선포하고 국가보안법을
발의했다. 말라야 공산당 토벌을 명분으로 한 초법적인 조치였다. 국가보
안법은 말레이인의 모든 시민적 자유를 앗아갔고, 공산당 또는 동조 혐의
가 있는 사람을 재판 없이 무기한 가두거나 살해하는 것을 가능하게 했
다. 1957년, 말라야 연방의 독립 이후에도 국가보안법은 악용되었다. 집
권세력은 국가보안법을 이용하여 노조 활동가, 학생운동가, 야당 정치인,
종교단체 관계자 등을 구속하며 독재를 이어 나가는 와중에 말레이시아
에서는 국가보안법 위반 혐의로 1만 명 이상이 구속되었고, 12명은 사
형됐다. 2011년 9월, 악명 높던 국가보안법(ISA)은 폐지되었다. 하지만
2016년 8월, 말레이시아 정부는 보안상 위협이 있다고 판단되면 언제든
지 시민들의 자유를 제한할 수 있는 새로운 국가보안법을 발효했다.

말라야 비상사태 Malayan Emergency

1930년 4월에 창설된 말라야 공산당(PKM)은 대중의 폭넓은 지지 속에 '반일제 해방 투쟁'(1941~1945년)을 주도했다. 일본의 말라야 침공으로 싱가포르까지 뺏긴 영국 정부는 말라야 공산당의 합법화를 약속하며 반일제 해방 투쟁을 지원했다. 제2차 세계대전 후, 영국은 말라야 공산당 합법화 약속을 묵살했다. 1948년 말라야 공산당 지도자 친펭(Chin Peng)은 영국이 '말라야 비상사태'라고 부르는 '반영 민족해방 전쟁'을 선포했다. 영국 식민 당국은 국가보안법을 만들어 말라야 공산당을 비롯한 좌파 정당들은 불법화했다. 친펭은 농촌으로 퇴각해 민족해방군을 결성하여 게릴라전에 나섰다. 반영 민족해방 전쟁이 전개될 당시 말레이 인구 3백만 명 중, 약 50만 명이 중국계였다. 영국 군대는 군부대를 투입해 정글에서 전투를 시작했다. 영국군은 밀림에서 고엽제를 살포하고, 정글 주변에 살던 주민 50만여 명을 급조된 '새마을'로 강제 이주시켰다. 게릴라전은 1960년 공식 종료되었으나, 말라야 해방군은 사보타주, 파괴작전, 민간인 납치 및 살해를 저질렀다. 1968년 말레이시아 정부는 말라야 해방군에 조건 없는 항복을 요구하며 '제2차 말라야 비상사태'를 선포했다. 제2차 말라야 비상사태는 1989년까지 지속되었다.

바탕칼리 사건

1948년 12월 12일, 영국군 제2스콧 경비대의 7소대 대원들이 공산 게릴라 색출을 위해 바탕칼리 고무나무 농장을 수색했다. 이들은 고무나무 농장에서 수액을 채취하는 중국인 노동자들을 포위하여 기관총으로 사살한 다음 시체를 훼손해 개울에 버렸다. 고무나무 농장과 바탕칼리 마을도 소각해서 증거 자체를 없앴다. 당시 신문에는 금주 최고의 뉴스로 '바탕칼리에서 성공적인 게릴라 소탕'이 크게 보도되었다. 바탕칼리 사람들은 소각된 마을로 돌아가지 못하고 정착촌으로 강제 이주되었다. 현재의 바탕칼리가 위치한 곳은 1948년 강제 이주한 정착촌이다. 학살 이후, 마을 사람들의 진상규명 요청은 번번이 거절당했으며, 1970년대 바탕칼리 학살에 참여했던 영국 소대원의 양심 고백까지도 묵살당했다. 2012년, 바탕칼리 사건은 영국 법원에 제소됐지만, 2015년 11월 영국대법원은 공소시효 만료로 바탕칼리 사건을 기각했다.

바탕칼리 마을 공동묘지

정글의 '구눙 티쿠스'

바탕칼리 마을을 찾아서

쿠알라룸푸르 공항에 도착하자마자 내가 한 일은 관광안내소에
들러, 슬랑오르 주(州) 지도를 찾아달라고 요청한 것이다. 내가
가고자 하는 바탕칼리는 쿠알라룸푸르에서 북동쪽으로 50킬로
미터 떨어진 내륙 산간 마을에 있었는데, 여행안내 책으로는 찾
을 수 없었다. 히잡을 머리에 쓴 직원은 바탕칼리는 고무 농장과
주석 광산만 있는 거친 곳이라, 그곳에 가기 위해서는 택시를 타
거나 카지노 셔틀버스를 탄 뒤에 내려서 한참 걸어가야 한다고
했다. 바탕칼리가 위치한 티티왕사 산 정상에는 동남아시아 최
대의 카지노가 있는 겐팅 하일랜드가 자리 잡고 있었다. 공항에
는 수많은 중국인 관광객이 "겐팅 하일랜드!"라고 외치는 카지
노 직원을 따라 이동하고 있었다. 카지노가 있는 겐팅 하일랜드
에 도착하면 바탕칼리로 갈 수 있는 방법이 있을 것 같았다. 카
지노 이용객을 실어 나르는 겐팅 하일랜드 셔틀버스를 타고 말

라야 반도에서 가장 높은 곳인 티티왕사 산에 도착했다. 산 위에는 거대한 카지노와 위락 시설이 들어차 있었다. 카지노에 있는 전망대 위에 올라서자 울창한 티티왕사 산이 한눈에 보였다. 영국군은 이 푸르른 산자락에 수천 톤의 폭탄을 쏟아붓는 학살을 저질렀다. 폭풍우가 몰아치듯 쏟아진 폭탄 비에, 산자락은 폭발하고 불타올랐다. 고엽제로 인해 나무는 고사했고 물은 오염되었다. 오랜 시간이 흘러 생명을 잃었던 숲은 돌아오기 시작했지만, 그곳에 살던 사람들과 동물들은 영원히 돌아오지 못했다. 카지노의 단장된 정원에는 티티왕사 산에서 죽어 간 억울한 영혼들을 배웅하는 듯 극락조가 활짝 피어 있었다.

영국 신사와 산에 사는 들쥐

티티왕사 산맥Titiwangsa Mountains

어둠이 깔린 정글의 밤은 간간이 적막을 깨는 야생동물의 소리만 들릴 뿐 깊게 잠들어 있었다. 머리에 쓴 랜턴에 의존해 티티왕사 산길을 걷기 시작하면서부터 상상을 초월하는 정글 벌레와의 고통스러운 싸움도 시작되었다. 난생처음 보는 벌레들이 몸을 타고 올라오고 나뭇잎에서 떨어졌다. 티티왕사 산 기온이 차츰 내려가면서, 정글의 밤 공기도 선선해졌다. 나무 그루터기에 걸려 넘어지고 일어서기를 반복하며 걸어 내려갔다. 산길은 다행히 끊어지지 않고 산 아래로 이어져 있었다.

태국부터 싱가포르까지 해발 2천 미터 이상의 산들이 연결되어 있는 티티왕사 산맥은 말라야 반도의 척추라고 할 수 있다. 말레이시아 사람들은 이 산맥을 정신적인 지주로 여기며 살아간다. 이 산맥에는 일본군에 맞서 싸운 말라야 해방군의 이야기가 전설처럼 남아 있다.[1] 그 흔적을 찾기 위해 바탕칼리 마을로 향했다.

산길이 넓어지면서 비로소 시야가 트였다. 도미노처럼 나무들이 일렬로 서있는 고무나무 농장에 가까스로 도착했다. 농장에는 일정한 간격으로 플라스틱 수액 통이 쌓여 있었다. 고요하고 적막한 정글에서 사람의 손길을 탄 물건을 발견하니 그제서야 길을 잃지 않았다는 안도감이 들었다. 오랑우탄이 살던 산의 울창한 나무는 대부분 사라지고 그 자리는 고무나무 농장과 팜유를 생산하는 농장으로 변했다. 고무나무 주변에서 물 흐르는 소리가 들려 살펴보니 랜턴 불빛 속으로 빠른 물살이 흐르는 개울이 보였다. 이끼가 낀 바위는 너무나 미끄러워 넘어지기를 여러 번 반복했다. 옷을 뚫고 들어와서 괴롭히는 살인적인 모기떼를 물리치기 위해 손을 휘둘렀지만 별 소용이 없었다. 온몸에 방충 스프레이를 뿌렸지만, 이미 벌레에 물린 얼굴은 부어올랐고 입술도 싸움이라도 한판 한 것처럼 부었다. 모기를 피하려고 손과 머리를 흔들고 몸을 흔들었지만, 모기는 떼를 지어 더욱 맹렬하게 공격해 왔다. 머리에 쓴 랜턴 불빛을 따라 날벌레까지 몰려

들었다. 기차가 어둡고 긴 터널을 빠져나가는 것처럼, 벌레 떼가 만든 터널을 뚫고 앞을 향해 걸어 나갔다. 빨리 이 지옥을 벗어나고 싶은 생각만 간절했다.

런던에서 대학생활을 시작하면서, 천정부지로 오른 월세 탓에 생활이 어려웠다. 월세를 내고 나면 런던의 비싼 버스비를 낼 비용조차 남아 있지 않은 탓에 제3세계 산골 마을에 사는 아이들처럼 두 시간씩 걸어서 학교에 갔다. 매일 아침 7시에 집에서 나와, 알록달록한 옷을 입고 청소일을 나가는 나이지리아 이민자들이 사는 거리를 지났다. 카레 향이 퍼지는 방글라데시 이민자들이 사는 거리를 지나, 아침부터 거리 전체에 레게음악이 울리는 자메이카 이민자들이 사는 거리를 지날 때면 저절로 흥이 났다. 제2차 세계대전 이후, 영국은 영연방 국가에서 온 이민자들을 3D 업종에 취업시키는 정책을 펼쳤다. 런던의 유명한 2층 버스는 자메이카에서 온 이민자들이, 지하철은 나이지리아 이민자들이 운전하고, 봉제 산업에는 방글라데시에서 온 이민자들이 종사했다. 출근하는 사람들로 장사진을 이룬 런던 브리지를 건너서 학교에 도착하면 나는 이미 머리부터 발끝까지 먼지투성이가 되어 있었다. 등굣길에 이미 지쳐서 수업 시간에 잠이 들기 일쑤였다. 1년 중 대부분이 비가 내리는 날씨여서 걷는 것도 쉽지 않았던 탓이었다. 다행히 학교 근처에 있는 종교단체 소속의

기숙사에 빈자리가 생겼다. 기숙사는 임대료도 저렴했고 공동
부엌도 있어서 식사도 해결할 수 있었다. 다만, 종교단체 소속의
기숙사였기에 엄격한 생활규칙과 주기적으로 예배에 참석해야
된다는 규정이 있었다. 기숙사 관리자 중 기숙사 사감이었던 제
임스는 퇴역군인이었기 때문인지 몰라도 그 누구보다 엄격했다.
제임스는 1947년 말라야에 파견되어 말라야 해방군과 영국 연
방군 사이에서 벌어진 전투를 지휘했다. 말레이시아 독립 이후
에는 군사 고문으로 말레이시아에 남아 게릴라 소탕 작전을 지
휘했다. 그는 칠십이 넘었어도 여전히 꼿꼿한 군인 자세를 유지
한 은발의 신사였다. 여름이 되면 그는 말레이시아 전통의상 바
틱을 입고 기숙사 로비에 마련된 소파에 앉아 전쟁 영웅담을 들
려주었다. 그의 사진첩에는 군복 차림으로 게릴라의 목을 트로
피처럼 들고 있는 사진이 있었다. 그는 게릴라 소탕을 위한 항공
작전에도 참여했는데, 정글에 5백만 톤 이상의 폭탄과 고엽제를
쏟아붓는 일이었다. 베트남 전쟁에도 군사 고문관으로 참전하여
"멍청하고 무능한 양키들에게 게릴라와 전투하는 노하우를 전수
했었다"며 자랑하기도 했다. 제임스는 부드럽고 긴 손으로 찻주
전자에 든 홍차를 잔에 따라, 열심히 듣는 학생들에게 건네곤 했
다. 나는 그가 건넨 홍차를 차마 마실 수 없었다. 그의 손에 마을
이 불타고 죄 없는 사람들이 학살되었다.

"너 같은 '구눙 티쿠스'를 잡아서 내가 어떻게 한 줄 알아?"

제임스는 내가 기숙사의 불합리한 일로 항의할 때마다 나를 '구눙 티쿠스'라고 칭했다. 그가 게릴라를 비롯한 아시아인을 비하하는 말로 쓴 '구눙 티쿠스'(Gunung Tikus)는 산에 사는 들쥐라는 뜻이었다.

분명 티티왕사 산맥에 처음 발을 딛는 것임에도 낯설지 않은 평온함을 느낄 수 있었던 것은 제임스 영감의 자세한 설명 덕분이었다. 가파른 산비탈, 계곡, 협곡, 고무나무 농장, 팜 농장, 차 농장을 지나칠 때마다 제임스의 세세한 설명이 떠올라 감탄하지 않을 수 없었다. 그는 티티왕사 산맥에서 토벌 작전을 지휘하며 수많은 마을을 불태웠다. 그의 묘사는 깊은 티티왕사 산속에서 지도 없이 바탕칼리를 찾아갈 수 있을 정도로 세밀했다. 불탄 마을 주위의 산길을 걷던 내 시야에 녹슨 쇳조각이 눈에 들어왔다. 탄피였다. 풀숲 속에는 탄피뿐만 아니라 푸르스름한 녹이 낀 포탄 껍질이 널려 있었다.

1948년 12월 12일, 영국군 제2스콧 경비대 소속 소대원들은 티티왕사 산맥에서 공산당 게릴라를 색출하는 작전을 벌였다. 이 과정에서 군인들은 고무나무 농장에서 일하는 중국인 노동자들을 포위하여 기관총으로 사살한 다음, 시신을 훼손해 인근 개울에 버렸다. 이뿐만 아니라 마을 사람들을 모두 트럭에 태워 정착촌으로 이주시키고 농장과 바탕칼리 마을을 불태웠다.

한참 시간이 흐른 뒤인 1970년대, 바탕칼리 학살에 참여했던 소대원들은 양심선언을 하고 바탕칼리에 가 직접 사과하려고 했다. 그러나 영국 정부는 대영제국의 명예를 실추시킨다는 이유로 그들의 출국을 금지시켰다.[2] 제임스는 술에 취해 돌아올 때마다 대영제국의 명예를 지키는 일은 목숨보다도 중요하다고 소리를 높였다. 그는 공산당 게릴라는 영혼이 없어서, 그들을 죽였어도 하나님 앞에 죄가 없다고 주장했다. 제임스는 금빛 왕관과 붉은 영국 장미가 그려진 찻잔에 홍차를 마시며 노후를 보내다 세상을 떠났다. 죄 없는 목숨을 속절없이 앗아간 사람이건만, 그는 장미 덩굴이 뒤덮인 런던의 교회 묘지에 편안히 잠들어 있다.

영암 월출산 아랫마을과 유치 마을 사람들도 해병대의 '쥐 잡기 작전'(Operation Rat Killer) 과정에서 학살되었다. 지리산 공비토벌대장이 산에서 끌려온 마을 사람들을 '쥐새끼'라고 부르며 일본도로 죽였다는 사건 기록을 보면서도, 문득 나를 구눙 티쿠스로 몰아붙이던 제임스를 떠올렸다. 고무나무 숲 사이로 별빛이 반짝였다. 맑고 청명한 밤하늘에 흐르는 은하수가 아늑하게 느껴졌다. 티티왕사 산자락에는 '구눙 티쿠스'라고 불리던 사람들이 있었다. 우아하게 홍차를 마시던 영국 신사 제임스는 말레이시아 공산당 토벌 작전에서 전과를 올리고 훈장을 받았다. 영국군은 마을들을 불태우고 사람들을 학살하는 것도 모자라 살아남은 사람들을 토끼몰이 하듯이 몰아서 철조망 울타리 안에 가둬버렸다. 제임스가 '구눙 티쿠스'라고 나를 불렀을 때부터, 그가 무자비하게 살해한 말레이시아의 구눙 티쿠스들과 내 영혼은 연결된 것 같았다. 나는 오랫동안, 티티왕사 산자락에 가 구눙 티쿠스로 불리던 사람들이 어떻게 죽었는지 내 눈으로 보고 싶었다. 아시아 구눙 티쿠스 가족의 일원으로 내가 꼭 해야 될 일이라는 생각이 들었다.

1948년, 학살의 현장에서

바탕칼리 새마을 Chinese New Village in Batang Kali

전열을 갖춘 군인들처럼 일정한 간격으로 서 있는 고무나무 사이로 불빛이 새어들었다. 많은 사람이 분주히 움직이는 것 같은 장화 소리와 깡통 소리가 나지막하게 들렸다. 고무나무 수액이 잘 흘러나오는 시간인 새벽 2시, 사람들이 무리 지어 산으로 올라오고 있었다. 나도 그들을 따라 개울 언덕을 넘어 불빛이 스며드는 고무나무 농장으로 들어갔다. 어둠 속에서 헤드 랜턴 불을 밝히고 갑자기 나타난 나를 본 주민이 놀라면서 깡통을 떨어뜨렸다. 깡통은 쇳소리를 내며 바닥으로 굴렀다. 고무나무 농장의 노동자들은 전날 나무 밑동에 묶어 놓은 깡통에 고무나무 수액이 가득 차면 플라스틱 통으로 옮기고, 다른 빈 깡통을 나무 밑동에 달아 두는 작업을 반복했다. 아주머니가 날카로운 끌로 고무나무 몸통에 상처를 내면 나무에서는 우윳빛 수액이 새어 나왔다. 아주머니는 이 나무에서 저 나무로 옮겨 다니면서 같은 일을 반복했다. 묶어 놓은 통에 가득 찬 수액을 옮겨 담고, 고무나무 유액의 흐름이 막히지 않도록 굳은 고무 찌꺼기를 떼어냈다. 그러고는 다시 나무에 새로운 상처를 내, 수액을 받는 작업을 동이 틀 때까지 이어 갔다. 고무나무 수액은 해가 뜨면 굳어 버리기 때문에 새벽에만 수액 채취가 가능했다. 내가 매일 사용하는 라텍스 침구도, 고무장갑도, 자동차 타이어도, 머리끈도 아주머니들의 끊임없는 노동이 있었기에 가능했던 것들이다.

티티왕사 산맥이 아침 햇살을 받아 금빛으로 물들 즈음, 산새들의 지저귐이 시작되었다. 여기저기에서 동물 소리가 부산스럽게 들려왔다. 알람 소리 같은 새소리가 숲에 울려 퍼지자, 아주머니들은 일제히 수액을 플라스틱 통에 모으기 시작했다. 수액 통이 가득 차면 아주머니들은 양쪽에 수액 통을 매단 장대를 어깨에 메고 가파른 산비탈을 내려갔다. 연로한 아주머니를 도와드리고 싶었지만 50킬로그램이 넘는 수액 통을 들 엄두가 나지 않았다. 새벽안개가 계곡을 거치면서 고무나무 농장에는 벌써 열기가 후끈하게 올라오기 시작했다. 나는 아주머니들을 따라 산비탈을 내려가면서 몇 번이나 넘어졌지만, 젓가락처럼 가녀린 아주머니는 무거운 수액 통을 어깨에 메고도 넘어지지 않았다. 산길이 끝나고 도로변에 도착하자, 수액 통을 싣고 공장으로 향할 트럭이 기다리고 있었다. 나도 아주머니와 함께 트럭에 올랐다. 트럭은 뿌옇게 흙먼지를 날리며 바탕칼리 이정표를 따라 아지랑이 피어오르는 아스팔트 열기 속을 천천히 달렸다. 낡은 트럭의 요란한 엔진 소리와 매연 냄새로 정신이 혼미해질 무렵, 도로 양편으로 낡고 오래된 집들이 하나둘 나타나기 시작했다. 한자로 된 현판이 달린 공동묘지도 보였다. 상점의 간판 이름도 말레이어나 영어가 아닌, 한자로 표기되어 있었다.

말레이시아가 아니라 중국 남방의 남루한 소도시처럼 보이는 마을이 바탕칼리였다. 마을 사거리 양편에 늘어선 식당에서는 고무나무 수액으로 소매가 범벅이 된 긴 윗옷을 입은 사람들이 지친 표정으로 음식을 먹고 있었다. 마을 사람들은 카메라를 멘 외국인이 나타나자 호기심 가득한 눈길로 바라보며 서로 속삭였다. 관광안내소 직원이 말한 것처럼, 바탕칼리는 관광지가 아니라 고된 일을 하는 사람들이 사는 마을이었다. 나는 고무나무 농장 아주머니들과 함께 플라스틱 테이블에 앉아 '콘지'라고 불리는 말레이시아 쌀죽을 주문했다. 아주머니들은 장갑과 모자를 벗고 고무나무 수액으로 범벅이 된 소매를 걷어 올렸다. 손과 팔의 살갗이 뱀 껍질처럼 벗겨져 있었다. 고무나무 농장에서 정기적으로 뿌리는 살충제와 '말라야 비상사태' 중에 뿌려졌던 고엽제에 노출된 것이 원인이었다.

쌀죽을 내온 식당 주인이 그릇을 내려놓고는 경계하듯이 나를 살폈다. 고무나무 농장 아주머니들은 그가 바탕칼리 마을 이장이라고 했다. 그에게 1948년 영국군이 고무나무 농장에서 사람들을 죽였던 곳을 찾으려고 왔다고 하자, 이장은 외국 사람이 바탕칼리 학살을 알고 찾아왔다는 것에 놀란 표정을 지었다. 허리춤에 앞치마를 두른 이장은 전병 반죽을 뜨던 국자를 식당 직원에게 넘겨주고 나를 향우회 사무실로 데려갔다. 향우회는 백여 년 전, 푸젠성과 광둥성에서 말라야 반도로 이주했던 사람들로 구성되어 있었다. 커피를 마시던 노인들이 일어나 악수를 청했다. 마을 사람들은 한국 사람을 드라마에서만 보았지, 실제로 만나 보는 것은 처음이라고 했다. 나의 바탕칼리 방문 소식은 티티왕사 산의 안개처럼 삽시간에 마을 전체에 퍼져 나갔다. 이장이 소개하는 어르신마다 내 손을 잡고 바탕칼리 방문을 환영한다는 말을 반복했다.

영혼들의 안식처

바탕칼리 우루얌 공동묘지 Ulu Yam Cemetery in Batang Kali

하늘이 맑아지는 청명절이 다가왔다. 예로부터 중국인들은 청명절에 날씨가 좋으면 그해 농사가 잘된다고 믿었다. 고향 중국 땅을 떠난 지가 백여 년이 넘었지만, 바탕칼리 사람들은 여전히 청명절에 조상 묘를 손질하고 음식을 만들었다.

새벽어둠 속에서 손에 낫을 들고 걷는 이장과 마을 남자들을 따라 도로를 걸었다. 그들은 어느 녹슨 철문 앞에서 발걸음을 멈추었다. 철문을 열자 풀로 가득 찬 묘지가 나타났다. 사람들은 낫으로 높게 자란 풀을 베기 시작했고, 적막했던 공동묘지는 순식간에 풀 베는 소리로 메워졌다. 풀에 가려졌던 묘비가 점차 모습을 드러냈다. 한자로 정성스럽게 이름을 새긴 오래된 묘비들이 나란히 세워져 있었다. 이장은 쓰러져 반쯤 땅속에 묻힌 작은 묘비를 삽으로 파냈다. 묘비를 다시 세우고 물을 뿌려 흙을 닦아냈다. 오랜 세월이 지난 탓에, 묘비에 새긴 붉은 색 이름이 희미했다.

작은 묘비의 주인인 일곱 살 아이는 겨울 방학 동안 고무나무 농장에서 일하는 아버지를 돕다가 영국군의 총탄에 목숨을 잃었다. 바탕칼리 학살을 주도했던 영국군 수색대는 제임스의 사진첩에서 본 것처럼 잘린 머리를 트로피처럼 들고 자랑스럽게 사진을 찍고는 시신을 불태웠다. 학살당한 가족들은 영국군이 개울에 버린 시신 일부를 일주일이 지난 후에야 개울 하류의 모래톱에서 건졌다. 학살당했던 사람들이 입고 있는 옷이 아니었다면 그들의 신원조차도 확인할 수 없었을 것이다. 바탕칼리 사람들은 목이 잘린 시체는 저승길에 오르지 못한다고 믿었기에, 영국군이 가져간 머리 대신 나무로 모양을 만들어 관에 넣고 묻었다.

새벽하늘이 분홍빛과 푸른빛으로 어슴푸레하게 물들었다. 정글처럼 묘지를 덮은 풀을 베어내자, 수많은 비석들이 붉은 흙 속에서 모습을 드러냈다. 가난한 중국 마을에서 '말레이시아 드림'을 가지고 거친 땅으로 이주했으나, 노예 같은 삶을 살다가 죽어 간 사람들이 쉬는 곳이었다. 목까지 잃어버려 하늘로 올라가지 못하고 이승을 헤매는, '구눙 티쿠스'라고 불렸던 사람들의 묘지이기도 했다. 맑은 하늘에서 햇빛이 쏟아져 내렸다. 정글에서는 동물의 울음소리가 들려왔고 먼 하늘에서는 새들이 날고 있었다. 이장은 사당 앞마당에 지전이 가득 담긴 상자를 내왔다. 중국인들은 돈을 태운 연기를 하늘로 올려보내면, 조상들이 사후 세계에서 그 돈을 사용할 수 있다고 믿는다. 이장은 상자에 가득 담긴 지폐에 불을 지폈고, 발행처 '천당 은행'이라고 인쇄된 지폐는 빠른 속도로 불길에 타올랐다.

고요한 마을 광장이 쿠알라룸푸르나 싱가포르 같은 대도시의 번호판을 단 차들로 소란스러워졌다. 대도시로 이주한 사람들의 후손은 매년 청명절 행사에 맞추어 마을로 돌아왔다. 이장은 밀가루 반죽이 묻은 앞치마를 벗고 깨끗한 옷으로 갈아입었다. 마을회관 앞에는 야자 잎으로 만든 바구니가 일렬로 놓였다. 정장을 입은 마을 원로들은 푸젠성과 광둥성 향우회 깃발을 들고 앞장섰다. 그 뒤를 이어 아주머니들도 바구니를 머리에 이고 걸었다. 나에게도 흰 장미가 가득 담긴 바구니가 건네졌다. 구름 한 점 없이 햇살이 쏟아져 내리는 푸른 하늘 아래, 마을 사람들은 정글을 향해 걸었다.

바탕칼리 마을이 불탄 이후, 살아남은 사람들은 모두 강제로 트럭에 태워져 산 아래 정착촌으로 옮겨졌다. '새마을'이라고 불리는 정착촌은 전기가 흐르는 철조망으로 둘러싸여 있었고, 이 때문에 사람들은 외부로 통행할 수 없었다. 바탕칼리 마을뿐만 아니라 말라야 정글에 사는 50만여 명은 '말라야 비상사태'가 종료될 때까지 정착촌에 갇혀 있어야 했다. 마을 사람들은 정착촌을 '새로운 바탕칼리'라고 부르고 마음을 붙이며 살아 왔지만, 고향인 바탕칼리를 잊지 못했다. 새로운 바탕칼리 마을 사람들은 쌀, 고구마, 타피오카를 배급받아 생활했다. 정착촌에서는 소금과 설탕이 너무 귀해 구할 수가 없었으며, 정글에 들어가는 것도 금지되어 산나물을 채취할 수도 없었다. 사람들은 각기병에 걸려 잇몸에서 피가 나고 몸이 부어올랐다. 논농사를 도와주는 물소는 게릴라의 식량으로 전용될 수 있다며 토벌대가 모두 끌어갔다. 이 때문에 마을 사람들은 등에 쟁기를 걸고 물소 대신 논을 갈며 벼농사를 지었다. 돈이 되는 고무나무와 팜나무도 불태워 버린 탓에, 돈이 없어 물건을 살 수도 없었다. 해가 떠 있는 시간에만 정착촌 출입이 가능했다. 해가 지면 가축처럼 정착촌에 갇혀 있다가 해가 뜨면 논으로 일하러 나갔다. 청명절이 와도 제사상을 올리지 못했던 힘든 시절이었다.

도시에서 온 후손들도 흰 장미 바구니와 제사 음식이 담긴 바구니를 들고 걸었다. 바구니 행렬은 맑은 하늘 아래 일개미들이 움직이는 것처럼 일렬로 정글을 향해 천천히 나아갔다. 이른 아침임에도 불구하고 햇살이 이미 뜨거웠다. 나는 뜨거운 아스팔트 열기에 숨을 몰아쉬었다. 포장된 도로가 끝나자 정글로 이어지는 산길이 시작되었다. 지난밤, 내가 고무나무 농장 아주머니들과 함께 내려온 길이었다. 마을 사람들은 가파른 산길을 천천히 올랐다. 양복을 차려입은 이장의 이마에 땀이 잔뜩 맺혔다. 관절염으로 무릎 관절이 굽어지지 않는 아주머니들은 다리를 절뚝거리며 천천히 행렬을 따라갔다. 무거운 고무나무 수액 통을 어깨에 메고 수십 년간 산을 오르다 보니 무릎 관절이 남아날 리 없었다. 고무나무 숲에는 사람들이 내뱉는 거친 숨소리만 들렸다. 고무나무 농장지대를 통과하는 산길은 정글 깊숙이 이어졌다. 거친 돌길이라 발이 자주 걸렸고, 가슴에 안고 있는 흰 장미 바구니도 점차 무겁게 느껴지며 팔이 저려 왔다. 걸음을 내디딜 때마다 땀줄기가 폭포수처럼 흘러내렸다.

빠른 물살이 행렬 앞을 가로막았다. 옛 바탕칼리 마을과 외부 세계를 연결해 주던 우루얌 다리가 홍수에 무너져 있었다.

"아이고, 아버지…"

림 할머니는 무너져 내린 다리를 보고는 털썩 주저앉아 아버지를 목 놓아 불렀다. 아버지에게 아침밥을 가져다주러 왔다가 영국군이 아버지를 사살하는 장면을 풀숲에 숨은 채 목격한 림 할머니는, 아버지가 학살당한 날부터 경찰서와 정부 기관을 찾아다니며 억울함을 호소했지만 모두 귀를 막고 할머니의 이야기를 들어주지 않았다. 그리고 아버지의 잘린 머리도 끝내 돌려받지 못했다.

이장은 우는 할머니를 달래고, 개울가에 상을 차리기 시작했다. 개울가에 돗자리를 펴고 과일과 청명절 음식을 올렸다. 이장은 개울가에서 약소하게 제사를 지내는 이유를 조상에게 고하고 술잔을 올렸다. 마을 사람들은 차례로 절을 한 다음, 바구니에서 흰 장미를 꺼내 개울에 띄웠다. 푸른 하늘이 맑게 비치는 개울물은 바탕칼리에서 살았던 사람들을 뒤로하고 흘러갔다. 세상을 제대로 살아보지도 못한 채 떠난 사람들처럼, 아직 피지 않은 꽃봉오리도 휘몰아치는 물길을 따라 흘렀다. 황토물이 가라앉아서 맑은 윗물만 남은 것처럼 고통과 슬픔도 바탕칼리 사람들 가슴속 깊은 곳에 가라앉아 고요와 적막만 남았다.

메기 수염처럼 일어나, 싸워라!

푸젠성 중국인 마을회관Hokkien Chinese Community

마을회관에 돼지고기와 한약재를 넣은 바쿠테를 끓이는 거대한 솥이 걸렸다. 이장은 마을에 돌아온 후손들을 위해 보양식인 바쿠테를 먹이려고 돼지 한 마리를 잡았다. 힘든 노동을 하는 마을 사람들은 더위가 밀려오기 전에 바쿠테를 먹어야 했다. 가마솥 뚜껑을 열자, 정향과 계피 냄새가 섞인 돼지고기 냄새가 회관을 가득 메웠다. 이장은 국자를 들고 바쿠테를 그릇마다 가득 떴다. 린 아주머니는 내장이 가득 담긴 그릇을 내 앞에 놓았고, 나는 바쿠테를 두 그릇이나 비워 냈다.

이장은 우루얌 강에서 잡은 메기 요리를 내어왔다. 메기는 물속에서 헤엄치던 모습 그대로 멈춘 채, 접시 위에서 눈을 부릅뜨고 나를 노려보고 있었다. 젓가락을 올리는 순간 메기가 접시에서 요동칠 것만 같았다. 살아 있을 때와 다른 점이라곤 메기 몸 위에 곁들인 야채밖에 없는 듯했다. 이장은 몸통에서 살을 떼어 접시 위에 올려 주었다. 돼지고기로 만든 말레이식 춘권 로바크와 똠얌, 그리고 라임 잎사귀로 요리한 뇨냐 피시도 먹었다. 어느새 메기는 머리만 남아 있었다. 이장은 메기 머리가 담긴 접시를 내 쪽으로 돌렸다. 빈 접시 위에서 나를 노려보는 모습이 위풍당당한 듯 보였다. 메기 수염은 강직한 무사의 검처럼 하늘을 향해 뻗어 있었다. 메기 수염은 불에 그슬려도 직모를 유지한다. 바탕칼리에는 힘들어서 자살할 용기가 있다면, 메기 수염처럼 일어나 세상과 싸우라는 말이 있다. 바탕칼리 사람들은 가족을 잃고 정착촌에서 '구눙 티쿠스'라고 불리며 산쥐 취급을 받았어도 메기 수염처럼 다시 일어나서 거친 세상과 싸웠다.

쿠알라룸푸르에서 온 변호사가 영국 여왕에게 보내는 탄원서에 서명을 부탁했다. 나는 탄원서에 이름과 주소를 적었다. 한국과 같이 말레이시아에서도 학살 이야기는 금기시되었기에, 마을 사람들은 경찰서나 영국 대사관을 찾아가 바탕칼리 학살 사건에 대한 진상규명을 호소했지만, 국가보안법 위반으로 감옥에 보내겠다는 협박만 되돌아왔다. 하지만, 마을 사람들은 포기하지 않고 대도시로 이주한 자녀들을 통해 바탕칼리 탄원서를 언론사에 전달하며 진실규명을 호소했다. 그 노력 끝에 마침내 1992년 영국 BBC가 바탕칼리 학살에 대해 보도했다.[3] 그리고 2012년, 인권변호사인 퀙이 용감하게 사건을 맡아 바탕칼리 사건은 영국 법원에서 다루어지게 되었으나 2015년 11월, 영국 대법원은 공소시효 만료로 바탕칼리 사건을 기각했다. 나치 범죄와 같은 반인륜적 범죄는 공소시효 기간을 특정하지 않는다는 국제법 판례에 배치되는 판결이었다. 바탕칼리 사람들은 진실규명을 요구하는 탄원서에 만 명이 넘는 사람들의 서명을 받아 영국 여왕에게 보냈으나, 답변은 끝내 돌아오지 않았다. 그럼에도 불구하고 마을 사람들은 탄원서 10만 장을 받아 여왕에게 다시 보내려는 계획을 추진하고 있었다.[4] 여왕이 답변할 때까지 마을 사람들은 계속 서명을 받고 탄원서를 보낼 작정이었다. 대중교통이 없는 정글 속에서 10만 명의 서명을 받는 것은, 대도시에서 백만 명의 서명을 받는 일보다 더 어려워 보였다. 그는 바탕칼리 사건을 노근리 사건처럼 흐지부지하게 해결해서는 안 된다는 의지가 강했다. 미국이 형식적으로 '유감'만 표현한 노근리 사건과 달리, 바탕칼리 사건은 영국 여왕과 영국 정부로부터 영국군의 범죄에 대한 공식적인 사과와 피해보상을 받아낼 때까지 끝까지 싸울 것이라고 했다.

바탕칼리 사건의 탄원서를 매단 붉은 비단 연이 하늘로 올랐다. 이장이 하늘 높게 뜬 연의 줄을 끊자, 붉은 연은 푸른 하늘을 둥실둥실 떠다녔다. 하늘이 맑은 청명절에는 멀리 보이는 티티왕사 산맥이 뚜렷이 보였다. 마치 손을 뻗으면 잡을 수 있을 것처럼 생생했다. 붉은 비단 연은 티티왕사 산 쪽으로 사라졌고 무리 지은 새들도 비단 연을 따라 사라졌다.

우리는 이웃사촌

바탕칼리 평화공원 Peace Memorial Park in Batang Kali

이른 새벽, 카이 아주머니는 뒷마당에 떨어진 무거운 파파야를 마당 한편에 설치된 부엌으로 가져왔다. 아주머니는 파파야를 반으로 갈라서 검은색 씨를 숟가락으로 긁어내고 설탕을 넣어 끓였다. 카이 아주머니는 며칠 전부터 부산하게 요리를 했다. 코코넛 밀크와 달걀을 풀어 카야잼을 만들고 과일을 모아서 망고 잼, 파파야잼을 만들었다. 아주머니가 넣어 준 과일잼, 삼발 블

라찬, 땅콩 소스 등으로 무거워진 가방을 메고서 안개로 덮인 향우회 사무실에 찾아가 작별 인사를 했다. 푸 할아버지는 바탕칼리 평화공원 조감도가 그려진 인쇄물을 보여 주며 마을 사람들이 바탕칼리 평화공원을 만들기 위해 수십 년 동안 돈을 모아 땅을 샀다고 했다.

"용서하지만 우리는 기억할 것이다."

바탕칼리 평화공원에 세워질 위령비에 새길 글이었다.[5] 비록 지금은 붉은 황무지일 뿐이지만 돈을 모아서 꼭 공원을 세울 것이다.

마을 사람들은 이별을 서운해하며 내 손을 오랫동안 잡았다. 서울의 아파트에서는 20센티미터 두께의 벽을 사이에 둔 이웃과 눈인사도 겨우 나눌 뿐이지만, 바탕칼리에서는 달랐다. 나는 이곳을 지나는 여행자에 불과했지만, 우리는 이웃사촌이었다. 탄 삼촌과 퀙 변호사의 차에 탔다. 차가 서서히 움직이고, 나는 사거리에 서 있는 바탕칼리 사람들을 향해 손을 흔들었다. 향우회 테라스 앞에서 커피를 마시던 마을 어른들도 손을 흔들어 주었다. 남루한 바탕칼리 마을이 눈앞에서 사라질 때까지 나는 창문에서 눈을 떼지 못했다.

쿽 변호사가 운전하는 차는 도로를 따라 달리며 모자이크처럼 다양한 모습을 지닌 마을들을 지나쳤다. 관우 사당을 지나, 푸른 타일로 뒤덮인 원형 모스크를 지나자, 코란을 암송하는 기도 소리가 들렸다. 계곡 아래에서는 힌두 사원의 종소리가 울려 퍼졌다. 차는 달팽이관처럼 생긴 도로를 서서히 돌아서 우루얌 강 위에 놓인 다리를 건넜다. 우루얌 강가의 해오라기는 모델 같은 긴 다리로 런웨이를 걷듯이 우아하게 물고기를 잡아 올리고 있었다.

쿠알라룸푸르에 있는 싱가포르 대사관에 가기 위해서 차를 얻어 탄 탄 삼촌은 싱가포르 학생 지도자로, 영국 케임브리지 대학을 졸업한 젊은 변호사 리콴유와 함께 민중운동에 참여했지만 이내 그들은 다른 길을 가게 되었다. 지도자가 되겠다는 욕망이 강했던 리콴유는 말라야 연방에서 싱가포르를 분리해 철권통치를 시작했다. 1963년, 리콴유는 국가보안법을 발동시켜 독재에 방해가 되는 사람들을 체포했고 이때 탄 삼촌도 노동조합 지도자들과 함께 체포되어 무기징역을 선고받았다. 이후 탄 삼촌은 30여 년이나 싱가포르 정치범 수용소인 '창이 감옥'에서 수감생활을 했다. 출소 이후, 싱가포르에서 영구 추방된 그는 말레이시아에 정착하여 바탕칼리 사람들을 돕고 있었다. 싱가포르에 있는 어머니의 무덤에 가서 인사드리고 싶지만, 싱가포르 정부는 탄 삼촌에게 전향서 제출을 요구했다. 삼촌은 어머니의 묘소를 살아생전에 가보지 못할 거란 생각에 슬퍼하곤 했다.

차는 굽이굽이 도는 도로를 따라 티티왕사 산 중턱에 이르렀다. 뿌연 안개 때문에 산 아래가 전혀 보이지 않았다. 퀙 변호사는 길 한편에 차를 세웠다. 차 문을 열고 내려서 본 티티왕사 산맥은 왕관을 쓴 것처럼 금빛으로 반짝였다. 아침 해가 떠오르자, 안개가 걷히고 힘차게 뻗어 있는 산맥이 보였다. 정의의 햇살이 세상을 비출 때, 말레이시아 정글에서 일어난 수많은 민간인 학살의 증거가 드러날 것이다.

작고 연약한 숨소리까지도

여행이 끝날 무렵, 바탕칼리에서 연락이 왔다. 탄 삼촌이 세상을 떠났다는 연락이었다. 고향 싱가포르에 있는 어머니의 묘소 곁에 묻히고 싶다는 유언은 지켜지지 못했다. 싱가포르 정부는 유골이 된 그의 귀환마저도 끝내 거부했다. 탄 삼촌은 화장되어 말라야 혁명군이 잠든 티티왕사 산맥에 뿌려졌다. 탄 삼촌과 헤어지기 전 그가 선물한 낡은 시집을 열었다. 그가 감옥에서 수십 년간 읽었던 푸시킨의 시집이었다. 손때가 묻어 닳고 닳은 책갈피에 그가 남긴 글귀를 읽었다.

"금지된 기억, 하지만 잊기에는 너무나 잔인한 기억"

탄 삼촌이 휘갈겨 쓴 글씨 안에서, 정글에서 무차별적으로 학살당한 말라야 사람들의 절규가 들려오는 듯했다. 나는 아시아 '구눙 티쿠스' 가족의 일원으로 잠시나마 바탕칼리 마을 공동체의 일원이 되어, 수많은 가슴 아픈 이야기를 들었다. 나는 말라야 정글에서 죽어간 사람들에 대한 기억이 바람에 흩어지지 않도록 구눙 티쿠스의 작고 연약한 숨소리마저 세세하게 기록하는 일을 시작할 것이다.

임을 위한 행진곡, 메이리다오

1947년 2·28사건

타이베이

여행 경로　청핀서점 ▶ 2·28 평화기념공원 ▶ 원산대반점 ▶ 스린관저
　　　　　　▶ 백색테러 징메이기념공원 ▶ 2·28 국가기념관 ▶ 류장리 공동묘지

2·28사건

1895년 청일전쟁에서 패배한 청나라는 일본과 시모노세키 조약을 체결하고 타이완을 일본에 할양했다. 이후 50년간 타이완 주민은 일제의 지배와 수탈을 받았다. 1945년 10월 25일, 일본군이 국민당 군에 항복함으로써 타이완은 국민당 정부의 지배하에 들어갔다. 장제스는 대륙에서 공산군에 승리하기 위해 타이완을 군사기지처럼 활용했다. 이로 인해 타이완의 민심은 날로 흉흉해졌고 국민당에 대한 실망과 불만이 팽배해졌다. 국민당의 탈법적이고 과도한 세금징수, 국공내전 투입을 위한 타이완 청년들의 강제 징발, 토착어 사용금지, 본성인(대만 토착인)들에 대한 각종 제도적·신분적 제한 등도 반발을 샀다. "식민통치한 일본보다 국민당이 나을 것이 없다"는 불만이 쏟아졌고, "개가 물러가니 돼지가 왔다"(狗去豬來)라는 말도 나왔다.

1947년 2월 27일 청년 한 명이 경찰의 총격으로 사망하는 사건이 발생한다. 전매국 단속원이 타이베이 천마다방 앞에서 담배를 불법으로 판매하던 노인을 검거하면서 구타했고 이 광경을 본 청년이 항의하다가 경찰 총에 맞았다. 이 사건은 순식간에 타이완 전역으로 전해졌고, '2·28사건'으로 이어졌다. 사건 이튿날, 분노한 군중은 거리를 행진하며 전매국에 항의했고 사태를 수습하는 과정에서 국민당은 계엄령을 선포하고 중국 본토에 진압지원을 요청했다. 3월 9일, 중국 본토에서 파병된 군인들은 대대적인 살육과 약탈을 자행했고, 그 수가 공식 발표로만 2만 8천여 명에 달했다. 하지만 국민당 정부는 사과는커녕, 이를 빌미로 1949년에서 1987년까지 40여 년 가까이 계엄령을 지속하면서 국민을 탄압했다.

백색테러

타이완의 백색테러 시대는 1949년 국민당 정권의 계엄령 발령부터 1987년 계엄령 해제까지를 일컫는다. 국민당 정권은 장기 집권을 방해하는 불순분자를 뿌리 뽑고 권위주의 체제를 공고화하기 위해 반체제 인사에게 박해를 가했다. '백색테러'는 계엄령 해제 이후에도 '반란처벌 조례'와 '중화민국 형법'에 근거해 사실상 계속 이어졌다. 1992년 형법 개정 이후에야 비로소 언론과 사상의 자유 보장의 길이 열렸고, 민주화가 본격화되면서 백색테러 시대도 공식적으로 막을 내렸다.

뤼다오 인권문화공원 綠島人權文化園區

태평양 위에 홀로 떨어져 있는 뤼다오 섬은 15km² 남짓의 작은 섬으로 일제강점기부터 범죄자를 가두던 교도소가 있었다. 해방 이후, 국민당 정권은 타이완에서 가장 먼 섬인 이곳을 신생훈도처 제3대대가 운영하는 정치범 수용소로 운영했다. 장제스의 철권통치에 반대했던 타이완 민주인사들은 뤼다오 섬에 갇혀 폭압적인 강제노역을 해야만 했다. 이곳에서는 민주인사를 장제스 정권 찬양자로 만들기 위해 '신생'(新生)이라는 정신 개조 작업이 함께 이뤄졌다. 수형자들은 이곳을 오아시스 빌라라고 불렀다.

지룽항 전경

임을 위한 행진곡, 메이리다오

눈물의 결혼식과 오아시스 빌라

타이베이 대학 근처 '등나무집'이라고 불리는 찻집은 국민당 정부 계엄령 아래 반체제 민주인사들이 몰래 모이던 장소였다. 찻집에 모인 민주인사들은 독재정권이 붕괴하고 국민이 주권을 행사하는 세상을 꿈꿨다. 1987년 민주화 이후, 등나무집은 문을 활짝 열고 타이베이 시민들을 맞이했다. 시민들이 경찰의 눈을 의식하지 않고 마음껏 토론하며 차를 마실 수 있는 세상이 된 것이다. 키 큰 나무가 우거진 정원에 앉아 타이완 산악지역의 특산차를 담은 상자에서 알사탕처럼 둥근 리산차를 꺼내 다관에 담았다. 꽃향기가 피어오르는 듯한 차향을 맡으며 오래전 참석한 눈물겨웠던 결혼식을 떠올렸다.

대학 시절, 룸메이트였던 메이는 금빛 용무늬를 수놓은 붉은 치파오를 입고 신부 화장을 받았다. 금빛 화관으로 머리를 틀어 올려 가냘픈 어깨선을 드러낸 메이는 금빛 파우더를 칠해 중국 사극에 나오는 영화배우 같았다. 메이의 머리에 하얀 백합이 장식으로 꽂히고, 신부 대기실 밖에서는 신랑 친구들의 떠들썩한 목소리가 들렸다. 이내, 부케와 신부가 신을 붉은 구두를 든 신랑이 문을 두드렸다. 문 앞에서는 한 시간이 넘도록 신부 친구들과 신랑 친구들이 입씨름 중이었다. 메이는 신부 대기실 의자에 앉아 훌쩍이며 울고 있었다. 나는 화장솜을 들어 판다 눈이 되어 버린 메이의 눈에서 번진 마스카라를 닦아냈다. 그녀는 이른 아침부터 타이베이에서 오는 아버지를 기다리며 끊임없이 눈물을 흘렸다. 메이가 흘린 눈물은 붉은 치파오 위로 떨어졌다. 결혼식을 시작할 시간이 되어 신랑이 대기실 문을 두드렸다. 메이는 고개를 숙인 채 울기만 했다. 더는 아버지를 기다릴 수는 없었다. 나는 신부의 눈물을 닦아내고 대기실 문을 활짝 열었다. 붉은 꽃다발을 든 신랑이 대기실 안으로 들어와 무릎을 꿇고, 금색 꽃무늬 수가 놓인 붉은 신발을 꺼내 메이에게 신겼다. 결혼식 전에는 신부가 땅을 밟으면 안 된다는 전통에 따라 신랑은 메이를 등에 업고 대기실 밖으로 향했다. 메이는 신랑 등에 얼굴을 파묻으며 눈물을 삼켰다.

"오아시스 빌라 때문에 아버지가 못 오신 것 같아."

메이의 아버지를 마중하러 공항에 갔다가 홀로 돌아온 샤오위가 내 귀에 조심스럽게 속삭였다.

"오아시스 빌라?"

나는 소리를 내지 않고 입 모양으로 물었다. 샤오위는 더는 말하지 않았고, 우리는 붉은 양산을 들고 붉은 베일을 쓴 신부 뒤를 따라 걸었다. 메이가 곁눈질로 샤오위를 보자, 샤오위는 고개를 저었다.

수십 년이 넘은 등나무 등거리에 새가 내려앉아 울었다. 나는 메이의 아버지가 살았다는 오아시스 빌라에 대해서 알고 싶었다. 딸의 결혼식에도 오지 못하게 그의 발목을 붙잡은 그 빌라엔 무슨 사연이 있는 걸까. 정원의 오래된 동백나무에서 붉은 꽃송이가 툭툭 소리 내며 테이블 위로 떨어졌다. 코끝이 시큰해졌다. 나는 카페 자리를 털고 일어나 동백꽃이 수놓은 타이베이의 좁은 골목길 사이로 걸어 들어갔다.

2월의 타이베이, 5월의 광주

청핀서점誠品書店

서점 내부에서는 시계 초침처럼 일정한 간격으로 책장 넘기는 소리가 들려왔다. 나는 후드 티를 뒤집어쓰고 책상에 엎드려 잠에 빠졌다가 몽롱하게 깬 상태였다. 바짝 마른 장작 냄새가 실내에 가득했다. 눈꺼풀을 간신히 들어 올려 보니, 실크 조명등 아래 놓인 나무 테이블에서 제법 많은 사람이 책을 읽고 있었다. 새벽 세 시가 넘은 시각이었지만, 모두 책에 집중하며 책장을 넘겄다. 책장에 기대거나 바닥에 앉아 책을 읽는 사람도 있었다. 나는 기지개를 켜고 책상에 펼쳐진 『일라 포모사』(Illa formosa, 아름다운 섬)라는 타이완 사진집을 살펴보았다. 동양화 같은 풍경 아래, 사원에서 기도 올리는 토착 원주민과 101타워 앞에서 태극권을 수련하는 사람들의 모습이 아름답게 담겨 있었다. 이처럼 타이베이는 현대와 과거가 조화롭게 공존하는 독특한 아름다움을 지닌 곳이었다.

낮에는 타이베이의 빌딩 숲속에 숨어 있다가 밤이 되면 빛나는 야명주로 변한다고 이름난 '청핀서점'은 24시간 반짝이며 문을 열어, 나처럼 기거할 장소가 아쉬워 잠시 쉬는 사람도 있었다. 호텔처럼 고급스러운 실내 장식을 돌아보고 원목 서가에 가지런히 정리된 책을 구경하다가 타이완을 소개하는 코너에서 걸음을 멈췄다. 화려한 사진집 사이로 흑백사진집이 눈에 띄었다. 최루탄 안개 속에서 진압군과 대치하는 시위대의 모습이 담긴 흑백사진을 표지로 한 사진집을 서가에서 꺼냈다. 사진집에는 거리에 백합을 놓고 묵념을 올리는 사람들, 최루탄이 난무하는 거리에서 시위하는 군중, 살수차를 동원하여 시위대에 물을 뿌리고 곤봉으로 폭행하는 진압군의 모습 등이 사진으로 담겼다. 책 뒷면을 보니 중국어와 영어로 '2·28 기념사업회'라고 인쇄되어 있었다.[1] 눈물과 고통으로 얼룩진 타이완 현대사를 기록한 사진집이었다. 백합을 거리에 놓고 희생자를 위해 묵념하는 사진

아래에는 1980년 전남도청에서 목숨을 잃은 한 희생자의 마지막 말이 새겨져 있었다.[2]

"오늘 우리의 죽음이 곧 살아 있는 역사로 기록될 것입니다."

매캐한 최루탄 연기 속에서 백합을 손에 들고, '2·28'이라고 써진 깃발 아래 행진하는 사람들이 담긴 사진은 최루탄 연기로 하늘이 보이지 않았던 5월의 광주와 너무나 닮아 있었다. 5월의 광주가 타이베이에서 생생하게 살아있는 듯했다. 광주의 거리에서 맡았던 매캐한 최루탄의 기억이 되살아나 울컥 솟구친 눈물이 코끝을 맵게 했다. 최루탄으로 범벅이 된 거리에서 백골단과 시위대의 공방전을 피하며 학교에 다녔다. 진압부대가 학교 운동장에 들어와 최루탄을 발포하면 교실 창문을 재빠르게 닫고 두꺼운 커튼으로 창문을 가리고는 코를 막고 수업을 받았다. 그 어두웠던 시절에 대한 기억이 타이완의 서점에서 되살아났다. 백합꽃이 인쇄된 흑백사진집 위로 눈물이 떨어졌다.

그날의 목소리
2·28 평화기념공원

따뜻한 타이완 기후의 영향을 받은 나무들은 우람했다. 그 나무들을 따라 이어진 길을 걸었다. 양치식물이 우거진 공원 한쪽에서는 흰옷을 입은 사람들이 학이 춤추는 듯한 동작으로 태극권을 수련했다. 도시 소음은 잠시 음소거가 되고 동작이 이어질 때마다 침묵이 공간을 갈랐다. 땅위에서 올라오는 백합 봉우리 사이로 '2·28 국가기념관'이라고 새겨진 석판이 보였다. 1947년 2월 28일, 타이베이 라디오 방송국을 점령한 시민들은 국민당 군대가 방송국에 쳐들어올 때까지, 정의를 위해 싸워 달라는 방송을 내보냈다. 시위대의 목소리는 라디오 전파를 타고 전국으로 퍼져 나갔다. 3월 1일부터 타이완 전역으로 봉기가 확대되면서, 타이완 의회 의원들과 지식인들은 '2·28사건처리위원회'를 만들어 타이완 행정장관인 천이(陳儀)와 수습책을 협상했다. 천이는 타이완 자치법 제정, 본성인 등용 등의 '처리대강'(處理大綱)을 받아들이는 척하면서 본토에 지원군을 요청했다. 3월 10일, 장제스가 보낸 진압군이 타이베이 북쪽 지룽항에 상륙했고, 무차별 학살이 시작되었다. 진압군의 총탄으로 벌집이 된 라디오 방송국은 2·28 국가기념관이 되어 당시의 처참한 상황을 알리고 있다.

서울은 폭설이 내리는 한겨울이었지만 타이베이에는 봄비가 내렸다. 공원 한가운데, 하소연이라도 하듯 하늘을 향해 솟은 2·28 기념탑 위에도, 1947년 2월 마지막 날 시민들이 모여 밤새워 토론했던 연못 주위에도 빗방울이 내렸다. 독재정권 시절, '2·28'은 타이완에서 금기시되는 주제였다. 정치권력은 '2·28'

을 불손한 세력의 정치 행동이라며 사건을 은폐했다. 그러나 2월이 되면, 땅속 깊은 곳에서 솟구치는 백합 봉우리처럼 진실을 요구하는 사람들이 전국에서 2·28 평화기념공원으로 모여들었다.

라디오 방송국 계단에 앉았다. 눈을 감고 그날 새벽 내가 들었던 목소리를 떠올렸다.

"광주 시민 여러분, 계엄군이 오고 있으니 도청으로 와주십시오."

동이 틀 무렵, 확성기를 통해 울먹이는 다급한 목소리가 창문으로 흘러들어 왔다. 빨간 밍크 담요 속에서 기어 나와 창가로 다가가자, 할머니는 두꺼운 솜이불로 창문을 막고 나를 끌어내리고 몸 위로 담요를 덮어 주었다. 이상한 일이 일어나고 있었다. 텔레비전의 흑백 화면은 불안한 듯 지지직거리는 소음만 뱉어내고 있었고, 학교는 문을 닫았다. 솜이불로 틀어막아 밖이 보이지 않는 답답한 창밖에서 탕탕거리는 총소리와 비명이 들렸다. 얼마나 지났을까. 할머니는 창문에서 솜이불을 떼어냈고, 텔레비전도 아무 일 없었다는 듯 만화영화를 다시 내보내고 있었다. 매년 5월이 되면, 그 새벽에 확성기를 통해 들었던 소녀의 애달픈 목소리가 생생하게 들려왔다.

공원 스피커에서 '메이리다오'(美麗島)가 흘러나왔다. 메이리다오는 타이완 민주화와 독립을 상징하는 노래였다. 이 노래는 독재정권 시절 금지곡으로 지정됐지만, 타이완이 민주화된 이후에는 대통령 취임식장에서 울려 퍼졌고, 이젠 길거리에서 크게 불러도 끌려가지 않는 세상이 되었다.

"우리의 요람 메이리다오는 어머니의 따뜻한 품안…"

나는 노래를 흥얼거리면서 1947년 2월 28일, 타이베이 시민들이 정의를 요구한 '카이다거란대로'(凱達格蘭大道)를 걸었다.

민주화의 봄

원산대반점圓山大飯店과 셰러턴 호텔台北喜來登大飯店

타이베이 검단산 위에는 고대 황궁처럼 황금색과 붉은 불빛을 내뿜는 원산대반점이라는 호텔이 있다. 원산대반점은 국가원수나 대통령이 머물렀기에, 시민들은 감히 쳐다볼 수도 없는 곳이었다. 호텔 가장 높은 곳에는 총통의 방이 있었다. 호텔에는 위급 시 대피할 수 있는 비밀통로가 있었으며, 이 통로는 총통의 관저인 스린관저까지 이어졌다고 한다. 민주화 이후, 권위주의 시절의 상징이기도 했던 원산대반점의 문이 활짝 열렸다. 호텔에는 장제스와 쑹메이링 부부의 자취가 남아 있었다. 부인 쑹메이링은 남편이 세상을 떠나고 아들 장징궈가 뒤를 이어 총통이 되었을 때도 영부인 자격으로 정계에 영향력을 행사했다. 그녀는 매일 호텔 영빈관에 나와 업무보고를 받고 지시를 내렸다. 그녀가 아끼던 화려한 식기를 구경하다, 문득 만 마리의 황금 용이 무서운 표정으로 혓바닥을 내밀고 있는 천장을 올려다봤다. 타이완을 실질적으로 통치한 쑹메이링은 황후처럼, 검은 비단에 금빛 자수로 수놓은 치파오를 입고, 옥 귀걸이를 한 채 웅장한 계단을 미끄러지듯이 내려와서 귀빈을 맞았을 것이다.

타이베이 시민들이 겁에 질려 방문할 엄두를 못 냈던 원산대반점과 달리, 서울 우리 동네의 원산대반점은 누구나 갈 수 있었다. 승강기 거울에 인쇄된 전화번호로 주문만 하면 빨간 글씨로 '원산대반점'이라고 새겨진 철가방을 든 배달원이 쏜살같이 자장면을 담아 왔다.

중국 현대사에서 타이완 시민들만큼 고통받은 사람들은 없었다. 타이완은 일찍이 청나라에 의해 일본에 할양되었지만, 시민들은 일본과의 합방을 격렬히 저항하며 반대했다. 일본은 군대를 동원하여 독립운동을 잔인하게 진압하고 황민화 정책으로 민족정신까지 없애려고 했다. 해방 이후에 타이완은 다시 독립을 꿈꿨지만, 대륙에서 돌아온 국민당이 새로운 주인이 되었다. 타이완 시민들은 부패하고 탐욕스러운 국민당 정부의 폭정에 저항했다. 하지만, 장제스는 군대를 보내 잔인하게 이들을 진압하고 40여 년 넘게 공포정치를 펼쳤다. 장제스가 죽고 수십 년이 흘렀지만 타이베이 시민들은 여전히 검단산 위에 있는 원산대반점을 볼 때마다 무시무시했던 공포정치를 떠올렸다.

내가 탄 택시는 우거진 가로수가 늘어선 총통부 동쪽 대로를 달렸다. 타이완 국회 앞에 있는 셰러턴 호텔이 목적지였다. 나이 든 택시 운전사는 신호등 불이 바뀌자, 횡단보도 앞에 차를 세웠다. 셰러턴 호텔 자리에는 '대만성보안사령부군법처'(台灣省保安司令部軍法處)라는 군사법원이 있었다. 택시 운전사는 아버지가 국민당 반대 성명서에 서명했다가 탄압을 받았다고 했다. 지금은 셰러턴 호텔이 된 군사법원에서 형을 선고받은 그는, 타이완 남쪽 바다 섬에 있는 정치범 수용소 '오아시스 빌라'에 갇혔다. 그는 신호가 바뀌자 가속페달을 빠르게 밟았다.

1949년 대륙에서 공산당에게 패한 장제스는 타이완을 마지막 근거지로 삼아 본토 수복의 꿈을 키웠다. 국민당은 1987년까지 40여 년간 장기 계엄령을 선포하고 독재정권을 반대하는 타이완 시민을 탄압했다. 장제스가 이끄는 국민당이 타이완 시민에게 백색테러를 가하는 동안 14만 명이나 되는 타이완의 지식인들은 '중국 스파이'나 '선동가'라는 이유로 구금됐고, 4천여 명이 처형되었다. 타이완 의회 앞의 '대만성보안사령부군법처'는 타이완 의회의 입법의원이나 사회지도층을 공산당으로 몰아서 형을 선고한 곳이었다.[3] 이곳에서 선고받은 사람들은 오아시스 빌라에 구금되었다. 시간이 흐른 뒤, 타이완은 군사법원 자리에 특급호텔을 세워 암울한 시절에 대한 기억을 지우려고 했다.

택시는 명나라 양식으로 설계된 하얀 아치와 푸른색 기와를 우아하게 얹은 '중정기념당'(中正紀念堂) 앞에서 신호를 받고 멈추었다. 타이완 전역에 장제스 동상이 4만 3천 개나 있다는데, 그런 독재자도 죽음은 피하지 못했다. 중정기념당에는 장제스가 사망한 당시 나이인 89세를 기리는 89계단이 있다. 이 계단을 오르면 25톤의 돌로 만든 장제스 총통의 동상이 중국의 대륙을 바라보며 의자에 앉아 있다. 국민을 적으로 돌렸던 그도 신이 아닌 인간이었다. 그는 죽었고 타이완에도 민주화의 봄이 찾아왔다. 신호가 바뀌면서 택시는 다시 달렸고, 중정기념당은 서서히 어둠 속으로 자취를 감췄다.

마침내 열린 대원수의 집
스린관저士林官邸

구름 모자를 쓴 양명산 자락에서 따뜻한 바람이 불어왔다. 양명산에 올라 산자락에 깊이 숨은 스린관저 숲을 걸었다. 이곳은 타이완 사람들을 공포에 떨게 했던 장제스가 살던 곳이다. 장제스라는 이름을 부르거나 정권을 비판한 사람들은 모조리 '반란죄'라는 명목으로 소리 소문 없이 체포되어 재판을 받고 오아시스 빌라로 보내졌다. '장제스'라는 이름은 타이완 사람들에게 공포 그 자체였다.

　타이완의 국화인 하얀 매화 꽃눈이 내렸다. 함박눈이 내리는 것처럼 하얀 매화꽃이 펑펑 내려 초록빛 잔디 위를 덮었다.

붉은 정자 위에도, 쑹메이링이 사랑한 장미정원 위에도 꽃잎이 내려앉았다. 그들은 중국에서 철수할 때, 베이징 자금성의 고궁박물원에 전시하던 국보급 유물을 가득 싣고 타이완으로 옮겼다. 피난민 수송을 목적으로 빌린 미군 군함에는 피난민 대신 유물이 가득 실렸다. 피난선에 탑승하지 못한 사람들은 본토에서 그대로 죽음을 맞이해야 했다.[4] 정원 한편에는 장제스 부부를 위한 예배당인 '개가당'(凱歌堂)이 버젓이 자리하고 있었다.

1953년, 타이완을 국빈 방문한 이승만은 개가당에서 장제스 부부와 함께 기도를 올렸다. 최고의 친구이자 동반자라고 서로를 칭한 두 독재자가 함께 의자에 앉아 어떤 기도를 올렸을지 궁금했다. 무고한 사람들을 마구 죽인 것에 대한 사죄의 기도는 아니었을 것이다. 애초에 그럴 만한 양심을 가지지 못한 사람들이었을 테니. 그들은 정의를 요구하는 시민을 공산당으로 몰아 처형한 잔인한 독재자일 뿐이었다. 어쩌면 그들은 개가당의 소박한 나무 의자에 나란히 앉아 자손 대대로 황제처럼 민중을 지배하게 해 달라고 기도했을지 모른다. 장제스는 종신 총통이 되어 황제에 버금가는 권위를 누렸고 그 자리는 대를 이어 그의 아들 장징궈에게 세습되었다. 장징궈는 지병으로 세상을 떠나던 1988년까지 총통 자리를 지켰다. 타이완의 계엄령 해제와 민주화를 강력하게 반대했던 쑹메이링이 미국으로 떠난 이후에야 공포의 온상이었던 대원수의 집은 타이베이 시민에게 개방되었다.

독재자의 죄만큼 무거운 개가당 문을 열고 나섰다. 빗방울에 젖어 떨어진 매화 꽃잎이 산책로를 수놓았다. 정원에 하얀 매화가 활짝 피면 장제스는 매화 가지를 꺾어 부인 쑹메이링에게 보냈다고 한다. 선비의 기품을 닮은 꽃은 피 묻은 손을 가진 독재자의 꽃이 되었다. 하얀 매화 꽃송이는 함박눈처럼 하염없이 내려 내가 남긴 발자국을 지웠다.

잿빛 건물, 소독약 냄새
백색테러 징메이기념공원白色恐怖景美紀念園區

징메이 역(景美站)으로 향하는 길은 굽이굽이 골목길로 이루어져 있었다. 다양한 사람의 이야기가 묻어 있을 것 같은 정겨운 정취가 인상적이었다. 골목이 끝나는 길에서 타이베이를 수놓던 다양한 빛깔은 사라지고 눈앞에는 붉게 녹이 슨 철조망으로 둘러싸인 잿빛 건물만이 줄지어 서 있었다. 중무장한 병사들은 철조망 위로 비둘기라도 날아오를라치면 발포할 것 같은 삼엄한 경계를 서고 있었다. 그 모습을 담으려고 카메라를 꺼냈다가 다시 가방에 집어넣었다. 병사들의 노려보는 눈길만으로도 움츠러들었다. 나는 구글맵에 집중하며 빠른 속도로 걸었고, 이내 높은 감시탑이 있는 건물이 나타났다. 철조망에는 하얀 백합 현수막이 걸려 있었다. 입구에는 '백색테러 징메이기념공원'이라는 현판이 세워져 있었다. 이곳은 셰러턴 호텔 자리에 있던 '대만성보안사령부군법처'와 함께 독재정권 시절 가장 악명 높았던 인권유린의 장소였다. 징메이의 옛 '대만경비총사령부군법처간수소'(台灣警備總司令部軍法處看守所), 즉 '타이베이 징메이 군사재판소와 구치소'는 이제 인권박물관으로 바뀌어 잔인한 인권범죄를 고발하고 있다.

나는 페인트가 벗겨진 어두운 감옥 복도 안으로 걸어 들어갔다. 군사재판소, 독방, 징벌방, 단체방을 지나 고문실 문을 열자 병원 수술실에 들어선 것처럼 역한 소독약 냄새가 났다. 다양한 전기고문 기구와 심장박동과 혈압을 확인하기 위한 의료기기가 고문실에 남아 있었다. 방안에서 나는 역한 냄새에 속이 울렁거린 나머지 손으로 코와 입을 막고 녹색 상자에 담긴 심장충격기의 버튼을 눌러 보았다. 기계는 '삐' 소리를 내며 작동했다. 고문을 받던 죄수가 쇼크로 호흡과 맥박이 정지되면, 유리 칸막이 너머에서 대기하던 의료 담당이 와서 심폐소생술을 실시했다. LPG 가스통처럼 생긴 구식 산소통이 달린 산소호흡기도 벽면에 세워져 있었다. 산소호흡기에 달린 고무는 세월의 흔적을 보여주듯 너덜너덜해져 있었다. 고문실의 차가운 시멘트 바닥에는 고문 기술자의 고함 소리와 피해자의 헐떡이는 숨소리, 고통을 참는 입술 사이로 새어 나오는 신음이 저장된 것 같았다. 고문실 바닥에 새겨진 고함과 비명이 시간을 되돌려 생생하게 재생되는 듯했다. 머리가 어지럽고 헛구역질이 올라왔다. 죄수들은 죽고 싶어도 마음대로 죽을 수도 없었다. 그들이 요구하는 혐의를 자백할 때까지 잔인하게 고문받고 또 받았다. 심장이 멈추면 다시 살려내 고문을 계속했다. 고문실에서 소독약으로도 감추지 못한, 묵은 피 냄새가 올라오는 듯했다. 고문실 밖으로 뛰쳐나온 나는 오래된 나무 아래에서 헛구역질을 했다. 물을 마시고 안정을 되찾자, 학창시절 들었던 이야기가 떠올랐다.

한국에서 민주화 운동이 절정에 달했던 1987년 무렵, 학교에는 '곰 세 마리' 이야기 대신 '안기부 곰' 이야기가 유행했다. 대학생 오빠를 둔 친구가 학교에 와서는 안기부 곰 이야기를 들려줬다.

어느 날 미국 CIA, 소련 KGB, 한국의 안기부가 시합을 했다. 산에 쥐 한 마리를 풀어놓고, 누가 더 빨리 쥐를 생포해 오는지 겨루는 시합이었다. 소련 KGB는 최정예 요원들을 투입하고 미국 CIA는 최첨단 헬기를 동원해 하루 만에 쥐를 잡아 왔다. 그런데 한국 안기부는 산으로 들어가더니, 단 한 시간 만에 곰을 잡아서 내려왔다. 심판이 왜 곰을 잡아 왔냐고 타박하자 안기부 요원은 곰을 발로 걷어차며 말했다.

"야, 이 새끼야! 너 곰이야?"

곰이 울면서 대답했다.

"나 쥐예요…"

'안기부 곰' 이야기는 90년대까지 여러 가지 버전의 이야기로 발전하여 입에서 입으로 전해졌다.

내가 매일 이용하는 서울 지하철 1호선 남영역 근처에도 공포의 상징이었던 옛 치안본부 남영동 대공분실이 있었다. 치킨 가게와 야릇한 러브모텔이 들어선 골목에는 '서울 용산구 한강대로71길 37'이라는 동판이 붙은 잿빛 건물이 있다. 잔인하게 물고문을 당하다 세상을 떠난 박종철 열사나 고문 후유증으로 세상을 떠난 김근태 의장도 남영동에서 고문을 당했다. 건물 5층에 마련된 15개 조사실은 수사당국이 민주화 운동가나 노동운동가를 조사한다는 명목으로 이른바 '공사'(고문)를 했던 곳이다. 어두운 방 안에는 책상, 의자, 간이침대, 욕조, 세면대, 변기가 음침하게 놓여 있었다. 고문관들은 피해자들을 발가벗기고 칠성판⁵에 꽁꽁 묶어서 전기가 잘 통하도록 온몸에 물을 뿌리고 발에 전원을 연결해서 전기고문을 자행했다. 남영동을 거쳐 간 수많은 사람들이 고문 트라우마에 시달리다가 후유증으로 세상을 떠났다.

옛 군사재판소 뒤편에는 "마오쩌둥이 잡혀 와도 우리 손에 걸리면 다 불게 되어 있다!"라고 으스대던 타이완의 최정에 고문 기술자가 가꾸던 장미정원이 있었다. 남영동에도 곰을 쥐로 만드는 화려한 고문 기술을 연마한 고문 기술자가 운동하며 즐겼던 테니스장이 장미 덩굴로 휘감긴 채 남았다. 그들은 휴식 시간이 끝나면 다시 고문실로 돌아가 사람을 짐승처럼 학대하고 고문을 지속했다. 감옥 출구에는 쇠사슬이 끊어진 수많은 족쇄가 벽에 걸려 있었다. 감옥 내부를 안내한 사람은 이곳에 갇혔던 수감자로, 여든이 넘어서도 여전히 악몽의 시간을 잊지 못했다. 오랜 세월이 흘렀어도 수감자가 끌려 나갈 때 족쇄가 내던 '철커덩' 소리가 아직도 귀에 맴돈다고 했다. 나는 벽에 걸려 있는 녹이 슨 족쇄의 수를 헤아려 보았다. 군사법원 앞마당에 있는 왜소한 나무는 겨우 뿌리를 땅에 박고 있는 듯했다. 이 나무 아래에서 사형선고를 받은 사람들이 총살되었다. 나무는 살아 있는 것 자체가 힘들어 보였다. 모진 고문을 당한 사람들이 끌려 나와 비참한 최후를 맞이하는 것을 이 나무는 지켜봐야 했을 것이다.

감옥을 나서기 전, 좁은 감방 안에 홀로 섰다. 벽 모서리에는 생기 없는 거미줄이 상흔처럼 널브러져 있었다. 페인트가 벗겨져 색깔조차 알 수 없는 철문은 손만 닿아도 쇳가루가 풀풀 날렸다. 시멘트 벽에는 희미하게 새겨진 글이 남아 있었다.

"우리의 몸은 감금되었지만, 우리의 영혼은 감옥의 높은 벽을 날아올라 우주를 관통한다."

징메이 감옥을 벗어나 다시 거리로 나섰다. 퇴근 시간이라 거리는 붐볐다. 고문 기술자도 이 거리에서 마주치는 사람들처럼 평범한 사람으로 보였을 것이다. 아무런 양심의 가책 없이 끔찍한 고문을 가하던 그도 퇴근 시간이 되면 손에 묻은 피를 씻어내고 말끔한 옷으로 갈아입고 집으로 향했을 것이다. 그도 집에서 기다리는 아이들을 위해 먹거리를 사 들고 가는 자상하고 따뜻한 아버지였을 것이다.

사람들은 바다에 떨어지고

2·28 국가기념관二二八國家紀念館

타이완성 참의회(臺書省參議會)가 있던 2·28 국가기념관 외벽에는 진압군의 총탄 자국이 흉터처럼 남았다. 마치 광주도청의 총탄 자국처럼 벌집 같은 형태였다. 국민당 군대는 2·28사건의 평화로운 해결을 논의하던 참의회에 들이닥쳐 기관총을 난사하고 살아남은 의원들을 체포했다. 일본 식민지 시절 건축된 빅토리아풍의 석조 건물에 있던 타이완성 참의회는 2·28 국가기념관이 되었다. 일본이 물러가고 타이완의 미래를 고민하고 토론했던 의원들은 총살되거나 오아시스 빌라로 보내졌다. 국가기념관에는 억울한 죽음을 맞이한 2·28 희생자를 위한 '수난자의 벽'이 있었다. 흑백사진으로 남은 3만여 명의 사람들은 교복을 입은 중학생부터 농부, 법복이나 의사 가운을 입은 사람들까지 다양했다. 국민당은 특히 타이완의 지식인들을 정권에 반하는 잠재적인 반대파로 간주했다.

희생자들 가운데 마른 얼굴에 사각 턱을 가진 남자가 있었다. 그는 길거리에서 만나는 타이완 사람과 조금 다른 얼굴을 가진 사람이었다. 사진 아래에는 '박순종(당시 34세)'이라고 적혀 있었다. 나는 기념관에 있는 자료를 찾아 그에 대해서 알아보았다. 담당자가 내민 사건 파일을 보니 박순종은 놀랍게도 한국인으로 기재되어 있었다. 박순종은 지룽항 근처에 살던 어부였다. 지룽항은 대륙에서 들어온 장제스의 진압 군대가 화기를 쏘며 수많은 사람을 공격하고 학살한 곳이다. 1947년 3월 8일, 박순종은 아들의 생일선물을 사러 나갔다가 실종됐다. 증언에 따르면 군인의 검문에 걸린 박 씨는 중국어를 할 줄 몰라, 주머니에 가지고 있던 어부가 쓰는 작은 칼을 설명하지 못해 군인들에게 끌려가 소식이 끊겼다. 그는 2·28 기금회로부터 한국인 최초의 피해자로 인정받았다.[6] 그는 지룽항에서 총살되어 수장된 것으로 추정된다.

2·28 국가기념관에는 당시의 지룽항을 그린 기록화가 남아 있었다. 굴비처럼 밧줄로 엮인 사람들이 항구로 끌려오면 군

인들은 앞줄에 있는 한 사람만 총으로 사살했다. 앞사람이 사살되면 시체의 무게에 이끌려 뒷사람들이 줄줄이 바다로 떨어졌기 때문이다. 군인들은 총알을 아낀다는 이유로 사람을 굴비처럼 엮어서 죽였다.

피해자들의 얼굴이 담긴 흑백사진 속에서 박순종 씨는 헐렁한 셔츠를 입고 장발을 바람에 날리며 바다를 배경으로 환하게 웃고 있었다. 아들의 생일선물을 사기 위해 자전거를 타고 항구를 달리는 그의 모습이 선하게 보였다. 박순종 씨의 그 모습은 내 어린 시절 기억 저편에 있는 누군가를 소환했다. 오랫동안 잊고 있었던 선생님이 떠올랐다. 그를 생각하니 가슴 한구석이 아련하게 저려 왔다. 초등학교 등굣길, 교문에 들어설 때마다 영화배우처럼 바람에 날리는 머리 모양을 가진 송 선생님이 반갑게 아침 인사를 해 주었다. 5·18 이후 처음으로 등교한 날, 선생님 대신 운동장에 놓인 하얀 꽃상여가 아이들을 맞았다. 꽃상여에는 송 선생님이 누워 있었다. 1980년 5월 24일, 선생님은 여고생인 딸을 데리고 집으로 향하다 헬리콥터에서 쏜 기관총에 맞았다. 살아남은 딸은 그 광경을 직접 목격했다. 아이들은 선생님에게 마지막 인사를 했다. 죽음을 모르는 일곱 살 아이들은 선생님이 꽃상여를 타고 여행을 간다고 생각했다. 먼지가 날리던 학교 운동장에서 선생님이 탄 하얀 꽃상여를 보내면서 우리는 교가를 불렀다. 선생님은 바람에 휘날리는 만장기를 앞세우고 꽃상여를 탄 채 학교를 떠났다.

눈가에 눈물이 고여 수난자의 벽에 있는 희생자 사진이 뿌옇게 보였다. 살아오면서 국립 5·18민주묘지에 여러 번 방문했지만, 선생님을 잊고 있었다. 엄마 말대로 선생님이 꽃상여를 타고 먼 곳으로 여행을 가셨다고만 생각하고 오랜 시간을 보냈다. 선생님이 5·18민주묘지에 계시리라고는 생각하지 못했다. 수난자의 벽 아래에 서서 핸드폰으로 국립 5·18민주묘지 홈페이지를 검색했다. 여행을 떠났다고 믿었던 우리 선생님은 5·18민주묘지에 있었다. 돌아오는 5월이 되면, 박순종 씨처럼 환한 미소를 짓고 바람에 머리를 휘날렸던 송정교 선생님을 만나러 갈 것이다.

"편히 쉬세요."

전시관을 나서면서 바닷바람에 머리카락을 휘날리며 환하게 웃고 있는 박순종 씨와 수많은 2·28 피해자에게 작별 인사를 건넸다. 송정교 선생님에게도 마음속 깊은 인사를 건넸다.

2·28 국가기념관 입구에 놓인 방명록을 펼쳤다. 방명록은 애끓는 사연으로 가득했다.

"진실이 밝혀져야만 용서가 될 것이다."[7]

타이베이 커원저(柯文哲) 시장이 방명록에 남긴 글을 읽었다. 그의 할아버지도 1947년 징메이로 끌려가 모진 고문을 받다가 옥사했다. 눈물 자국으로 희미해진 그의 글에 내 눈물방울이 더해졌다.

타이베이는 또 다른 광주

타이베이를 떠나기 전, 백색테러에 희생된 사람들의 묘소를 찾아 나섰다. 류장리 산등성이까지 구불구불하게 이어진 좁은 산길을 걸어 올라갔다. 산 전체가 향로가 된 듯, 독한 향냄새가 산길을 따라 흘러 내려왔다. 머리가 깨질 것 같고 속이 울렁거렸다. 산등성이 입구에 서 있는 돌대문을 지났다. 그곳에는 사진을 붙인 묘비와 함께 기와지붕을 세우고 타일을 바른 수많은 묘지가 있었다. 비까지 부슬부슬 내렸다. 대나무 숲 사이에 눕혀진 작은 시멘트 묘비에는 '불상지묘'(不詳之墓)라는 글귀가 희미하게 남아 있었다. 백색테러 시기에 처형된 시신은 가족에게 인도되지 않고 비밀장소에 매장되었다. 시신 이름을 적은 종이를 관에 붙여 두었는데, 묘지로 운반되는 과정에서 종이가 바람에 날려 사라지거나 비에 젖어 떨어지면 '불상지묘'가 되었다. 1990년대 초반, 무덤을 파는 인부가 숲속으로 버섯을 따러 들어갔다가 류장리 공동묘지에 있는 대나무 숲속에서 201개의 불상지묘를

발견했다. 소문으로만 나돌던 1950년대 백색테러의 희생자들이 었다.[8]

학살을 부정하고 모욕하는 행위는 타이완이나 한국이나 차이가 없었다. 한국에서도 한국전쟁 당시, 군경에 의해 끌려가 소리 소문 없이 학살된 사람들의 무덤을 전국 어디에서나 찾아볼 수 있다. 5·16군사정변으로 집권한 박정희 정권은 유가족들이 조사한 학살기록을 빼앗고 유족들이 세운 비석을 땅에 묻어 버렸으며, 발굴한 유해는 화장하여 바다에 버렸다. 진상규명을 요구한 유가족들은 군사재판에 넘겨져 사형선고를 받았다. 군사독재 기간 동안 '빨갱이 가족'이 된 유족들은 연좌제로 고통을 받았고, 수십 년간 침묵해야 했다.

2·28사건 이후, 장제스와 국민당은 유가족들을 잠재적인 공산당으로 간주했다. 유가족들은 연좌제로 공무원이 될 수도 없었고, 메이의 아버지처럼 딸 결혼식에 참석하러 해외에 갈 수도 없었다. 희생자를 기억하는 것조차도 금지해, 주검조차도 가족들에게 전달하지 않았다.

나는 백색테러 희생자 위령비 앞에 있는 향로에 향을 꽂고 희생자들이 하늘에서 술이라도 한잔 사 마실 수 있도록 지전을 태웠다. 향냄새가 폐 깊숙이 스며들었다.

5·18민주화운동이 끝난 후, 창문에 붙인 솜이불을 떼고 밖

으로 나갔으나 세상은 전과 같지 않았다. 내 세상의 전부였던 광주 법원 앞 공원은 불에 탔고, 수많은 사람이 법원 앞에서 서성거리고 있었다. 법원에서 나온 푸른 수의를 입은 사람들이 포승줄에 묶여 버스에 오를 때마다, 아주머니들은 차에 매달리며 울부짖었다. 여름 장맛비가 세차게 내려서 푸른 수의를 입은 사람들도 아주머니들도 흠뻑 젖었다. 1980년 여름, 내 그림일기에는 법원 철장문을 부여잡고 울부짖는 아주머니들의 모습이 남겨져 있었다. 내가 타이베이를 무엇에 홀린 듯이 돌아다녔던 이유를 이제야 알 것만 같았다. 타이베이와 광주는 마치 쌍둥이처럼 닮아 있었다. 이곳에 온 것은 타이베이에서 독재에 반대하고 민주화를 위해서 투쟁하다가 고문받고 총살되거나 수용소에 보내졌던 사람들의 아픈 이야기를 듣기 위해서였다. 나는 굽이굽이 이어지는 골목길을 따라 걸으면서 타이베이에서 일어난 어두운 과거를 들쳤다. 어두운 시대에 고통받은 타이베이 사람들의 아픔이 가슴속에 한가득 담겼다. 1980년 여름처럼 미지근한 비가 내려 내 얼굴에 흐르던 눈물을 지웠다. 노을이 지고, 타이베이의 상징인 대나무 모양의 101타워가 밝은 불빛을 내며 반짝였다.

붉은 동백꽃

한국-제주도
제주 4·3사건

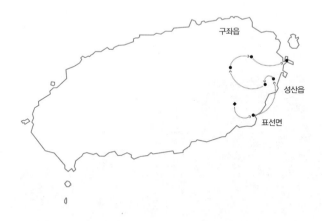

구좌읍

성산읍

표선면

여행 경로   표선 가시리 마을 ▶ 표선초등학교 ▶ 혼인지 ▶ 성산 난산리 마을 ▶ 귀빈사
▶ 다랑쉬굴 ▶ 성산 터진목

제주 4·3사건
1947년 3월 1일부터 1954년 9월 21일까지 7년 7개월 동안 제주도에서
발생한 무력 충돌과 진압 과정에서 주민들이 희생당한 사건이다. 추정 사
망자만 6만~8만 명이고 행방불명자가 3천여 명이다.

표선 가시리 마을
1948년 11월 15일, 제주도 경비사령부 제9연대 2대대 표선 주둔 중대는
가시리 마을로 진입하여 대대적인 토벌 작전을 벌였다. 마을은 불탔고 주
민들은 야산을 헤매거나 해안 마을로 피난을 갔다. 표선리로 피난 간 주
민들은 표선초등학교에 수용되었다가 표선리 '버들못'에서 집단 총살당
했다. 총 424명의 가시리 주민들이 학살되었다.

표선 한모살

현재의 표선 민속촌 자리에 있었던 모래사장 '한모살'은 4·3사건 당시 표선면, 남원면 일대 주민들이 학살됐던 장소이다. '당캐', '표선 백사장' 등으로 불리던 이곳에서 토벌대에 끌려온 표선면, 남원면, 중산간 마을 주민들이 학살되었다. 군인들은 표선면의 젊은 남자들을 '민보단'으로 조직하여 토벌대를 보조하게 했고, 이들을 주민 처형의 도구로 사용했다. 주민들을 한모살에 끌고 온 군인들은 민보단에게 죽창으로 찔러 죽이라는 명령을 내렸다. 가시리 주민들을 죽일 때는 민보단에게 철창으로 찔러 죽이라고 명령했다.

다랑쉬오름과 다랑쉬굴

다랑쉬오름은 제주시 북제주군 구좌읍 세화리에 위치한 원뿔 모양의 오름으로, 이곳에 위치한 자연동굴 '다랑쉬굴'은 4·3사건 당시인 1948년 12월 18일, 하도리와 종달리 주민 11명이 피신해 살다가 발각되어 집단학살 당한 곳이다. 이날 군경민 합동 토벌대는 다랑쉬오름 일대를 수색하다가 이 굴을 발견했다. 토벌대는 수류탄 등을 굴속에 던지며 나올 것을 종용했으나, 나가도 죽을 것을 예감한 주민들은 밖으로 나오지 않았다. 토벌대는 굴 입구에 불을 피워 연기를 불어넣고는 굴 입구를 봉쇄했다. 이로 인해 굴속의 주민들은 연기에 질식되어 하나둘 죽어 갔다.

　다랑쉬굴은 잃어버린 마을을 조사하던 '제주 4·3연구소' 소속 연구원에 의해 1991년 12월에 발견되었으나 당시 사회현실을 감안해 공개하지 않았다. 이후 관련 학자와 의사, 법률가들의 자문을 얻어 1992년 4월 1일 공개했다. 이날 공개한 11구의 유해는 45일 만인 5월 15일 한 줌의 재로 변해 바다에 뿌려졌는데, 이는 유해 발굴의 파장을 차단하려는 정보기관과 행정당국이 서둘러 유족들을 회유해 취해진 조치였다. 유해를 꺼낸 후 다랑쉬굴은 나머지 유물들을 그대로 남긴 채 입구가 콘크리트로 봉해졌다.

* 제주 4·3연구소, 『4·3유적 II』, 2008; 제주 4·3 희생자유족회, 『제주 4·3 희생자유족회 27년사』, 2016 참고.

너븐숭이 애기무덤

붉은 동백꽃

김평담 할아버지

서울살이에 지칠 때면, 성산 통오름 아래에 사는 김평담 할아버지가 그리워 비행기를 타곤 했다. 할아버지를 뵈러 제주에 간다고 전화를 할 때마다 할아버지는 항상 같은 말을 했다.

"왕 뭣 헐티."[*]

할아버지는 감정 표현이 서툴렀다. 하지만 내가 도착하면 매번 돼지고기를 삶고 생선을 구웠다. 내가 성읍 민속촌에 도착할 때쯤이면 할머니와 나란히 버스 정류장에 나와 기다리고 있었다. 나를 키워 주신 할아버지와 할머니가 세상을 떠난 후, 통오름 아래에 사는 할아버지와 할머니가 내 그리움의 대상이 되었다. 10여 년 전 올레길을 걷다가 우연히 해녀할망이 운영하는 민박을 발견해, 하룻밤을 지냈다. 그 이후 해녀할망 민박은 나의

[*] 와서 뭐 하려고.

제주도 외갓집이 되었다. 수시로 제주도 외갓집을 들락거리면서 노부부의 말동무가 되었다. 할아버지와 할머니는 이른 아침에 밥상을 차려 주고 바다나 들에 나갔다가 밤늦게서야 돌아왔다. 나 홀로 집안에서 밥을 먹거나, 마을을 돌아다니다가 들어와 바구니에 담긴 고구마나 귤을 먹었다. 거센 폭풍우가 몰려와 밭일을 쉬게 되면 노부부를 모시고 세화장터에 나가서 몸국을 사드리고 월정리 카페 거리에서 커피도 마셨다. 밤이면 할머니와 드라마를 보며 화산송이처럼 거칠어진 할머니 얼굴에 연고를 발랐다. 우리가 드라마를 보는 동안 할아버지는 낡은 공책을 꺼내어 사람들의 이름을 읽어 내려갔다. 높낮이 없이 일정한 톤의 목소리가 드라마 시청을 방해할 때마다 할머니는 역정을 냈다. 할아버지에게 누구의 이름인지 물었다.

"알랑 뭣 헐티."◆

할아버지는 공책을 닫고 입을 굳게 다물었다. 그는 협심증으로 오랫동안 고생했다. 밭일을 하다가도 명치가 막히고 심장이 뛰었다. 그의 귀에는 불타는 외양간에서 소들이 울부짖는 소리가 수시로 맴돌았다. 그 울음소리를 듣지 않기 위해 약을 먹거나 술을 먹어도 소용이 없었다. 토벌대가 죽창을 들고 마을로 들어오는 모습이 때때로 떠올랐다. 그날 새벽, 마을이 불타던 기억

◆ 알아서 뭐 하려고.

은 평생 그를 쫓아다니며 영혼을 너덜너덜하게 만들었다.

말테우리의 발자국

당케포구와 갑마장길

눈 내리는 모래사장을 걸었다. 세차게 몰아치는 바닷바람이 온몸을 밀어댔다. 겨울 점퍼가 낙하산을 펼친 듯 바닷바람에 부풀어 올랐다. 서산대사는 "눈길을 걸을 때, 어지럽게 걷지 말라. 내 발자국이 뒷사람들에게 이정표가 된다"고 했다. 내 앞을 걸어간 누군가의 발자국이 '당케포구'를 향하여 가지런히 찍혀 있었다. 나는 그 발자국을 이정표 삼아 걷고 또 걸었다. 내가 걸어온 삶은 모래사장에 찍힌 가지런한 발자국과는 다르게 비뚤비뚤했다. 어느 날에는 힘들어 주저앉았고, 어느 날에는 길을 잃고 배회했다. 삶이 무너져 내려 절뚝거리며 걷기도 했다. 나만의 방식으로 내 삶을 쉼 없이 걸어 오늘의 내가 되었다. 성산포 수협에서 연로한 해녀들의 안전을 위해 내건 안전 현수막이 눈발을 맞으며 펄럭거렸다.

'삼촌, 손자덜 생각허영, 맹심허멍, 물질허게마씸.'[*]

---

[*] 삼촌, 손자들 생각하여, 명심해서, 물질하세요.

어느 신문에서 고령의 해녀들이 체력 저하나 심근경색으로 인한 물질 사고를 자주 당한다는 기사를 본 적이 있다. 추운 겨울 날씨에도 해녀 삼촌들은 물에 들어갔고, 나는 삼촌들이 뭍으로 나올 시간이 되면 불턱에 앉아 양철통에 마른 장작을 집어넣으며 고구마를 구웠다. 제주도에서는 어른을 '삼촌'이라고 불렀다. 처음에는 남녀 구분 없이 마을 어른에게 삼촌이라는 호칭을 붙이는 것이 쑥스러웠지만 입에 붙으니 오히려 편하게 느껴졌다. 삼촌들은 물에서 나와 몸을 녹이며 이야기보따리를 풀었다. 한 삼촌은 해류에 휘말려 위험한 순간에 상괭이〔쇠돌고래과의 포유류〕가 나타나 머리로 몸을 밀어 올려 주어 간신히 살아났다는 이야기를 했고, 나이 지긋한 해녀들은 토벌대에 집이 불타 바닷가에 돌을 쌓아 올려 바람 피할 곳을 만들었던 이야기를 하며 흥분하기도 했다. 불턱은 해녀들이 살아온 이야기를 듣는 삶의 도서관이었다. 표선에 10여 년 드나들면서 얼굴을 익힌 삼촌들이 요양원에 가거나 세상을 떠날 때마다 가슴이 아팠다. 불턱에 저장된 삶의 순간순간은 삼촌들이 세상을 떠날 때마다 하나둘씩 사라져 갔다.

이글루처럼 눈이 쌓인 당케 불턱을 지나, 고려시대에 제주도를 지키기 위해 쌓은 환해장성을 따라 해안을 걸었다. 봉수대 역할을 했던 환해장성 연대에 오르자, 성산일출봉이 눈발 내리는 굽이진 해안을 따라 어슴푸레하게 보였다. 바람은 잦아들고 함박눈이 내렸다. 내 앞에 찍힌 발자국도 방애오름을 지나 가마리를 향해 찍혀 있었다. 옥돔으로 유명한 '가마포구'에 들어서자, 어부의 그물에 걸린 먹돌[검은 조약돌]을 모신 '생거리 남당'이 보였다. 나무 문을 열자 삐걱거리는 소리가 났다. 어부와 해녀가 바다에 나가기 전에 무사 안녕을 빌었던 당에는 검은 먹돌만 덜렁 있었고, 촛대 위에 꽂힌 타다 남은 초 한 자루에는 먼지가 쌓여 있었다. 생거리 남당의 문턱이 닳도록 드나들었던 많은 사람들이 이제는 세상을 떠났다. 그 공간에는 먼지 내린 먹돌만 남아 자리를 지키고 있었다. 타다 남은 초에 불을 켰다. 먹돌 위에 겹겹이 쌓인 먼지를 물티슈로 닦아내고 당 안을 청소한 뒤, 가방에 담아 온 귤을 먹돌 앞에 올렸다. 촛불이 비친 먹돌이 반짝이며 빛났다. 당 안에서 마을 사람들이 모여 제사를 올리고, 떠들썩하게 마을 잔치를 하던 시절은 이미 오래전 이야기가 됐다. 나는 생거리 남당을 빠져나와 가마포구에 도착했다. 모래 사장에 앉은 겨울 철새는 파도가 밀려오자 장난스럽게 날아올랐다. 나는 가마리 다리 위에 올라 가시리에서 흘러나오는 민물이 바다와 만나는 가마포구를 내려다보았다. 눈발이 심해져 앞이 잘 보이지 않았다.

눈발을 뚫고 가시리에서 흘러나오는 가시천을 따라서, 한라산 능선과 들판이 만나는 중산간을 향해 천천히 걸었다. 먼나무 붉은 열매가 눈 속에서 얼굴을 내밀었다. 양말을 여러 겹 신었지만, 발가락이 깨질 듯 아팠다. 중산간 주변에는 쉽게 찾을 수 있는 카페도 보이지 않았다. 따뜻한 곳을 찾아 들어가고 싶었지만 보이는 것이라고는 일렬로 늘어선 풍력 발전기뿐이었다. 눈 쌓인 한라산이 치맛자락에 오름들을 품은 채 웅크리고 있었다. 나는 한라산 기슭까지 뱀처럼 이어진 밭담 곁에 붙어 서서 신발을 벗었다. 젖은 양말을 벗고 얼어 있는 발가락을 주물렀다. 다크 투어를 다니면서 물집이 잡히고 터지기를 반복했던 발가락엔 굳은살이 생겼다. 오래 걷는 것에 익숙하지 않아 자주 삐끗했던 발목도 제법 튼튼해졌다. 돌로 얼기설기 쌓은 밭담의 숭숭 뚫린 구멍 사이로 세찬 바람이 들어왔다. 등산용품으로 중무장했지만 추운 날씨는 어쩔 도리가 없었다. 드넓은 초지와 오름이 어우러진 '갑마장길'에 도착했다. 갑마장은 조선시대 최고 등급의 말을 키워내던 곳이다. 토벌대는 갑마장길을 달렸던 말을 죽이고 말을 돌보던 말테우리〔말몰이꾼〕도 죽였다. 마을은 불에 타서 사라졌지만, 토벌대를 피해 동상에 걸린 발을 끌며 도망치던 말테우리의 발자국은 갑마장길 아래에 남아 있을 것이다. 소복하게 내린 눈이 담요처럼 갑마장길을 덮었다.

달랭이모루의 애기무덤

가시리 대평원에 세찬 바람이 불자 억새가 파도처럼 출렁거렸다. 제사상에 오른 하얀 고봉밥같이 눈 내린 오름이 차례로 중산간 평원 위에 서 있었다. 가시리 마을 왼쪽에는 사슴이 살던 '큰사슴이오름', 오른쪽에는 '작은사슴이오름', 중앙에는 오름의 여왕이라고 불리는 '따라비오름'이 봉긋하게 솟아 있었다. 무덤가에 두른 돌인 '산담'이 오름에 붙은 반창고처럼 가시리 평원을 내려다보고 있었다. 눈 덮인 들판에서 먹이를 찾던 노루가 놀란 눈으로 나를 바라보다가 큰사슴이오름 자락으로 빠르게 뛰어갔다. 노루는 제주도에서 유해동물로 지정되어 정기적으로 포획되기에, 노루가 살아남기 위해서는 자그만 소리에도 전속력으로 달아나야 한다. 1948년 겨울, 가시리 마을에 들이닥친 토벌대는 마치 노루를 사냥하듯 마을 사람들을 향해 총을 쏘고, 집에 불을 질렀다. 토벌대는 학살에서 간신히 살아남은 가시리 마을 사람들을 마을 안쪽으로 흐르는 가시천을 따라 끌고 내려가서, 표선 '한모살'과 '버들못'에서 학살했다.

토벌대가 지나간 4·3길을 따라 걷다가, 달랭이모루에 만들어진 '애기무덤' 앞에서 발걸음을 멈췄다. 돌무더기를 쌓아둔 것 같은 애기무덤은 죽은 아이의 키에 따라 크기가 제각각이었다. 그중 길이가 채 50센티미터도 못 되는 작은 애기무덤이 있었다.

그 무덤 위에는 누군가 두고 간 인형이 있었다. 제주도에서는 아기 영혼은 저승에 가지 않고 까마귀가 삼승할망에게 가져간다고 한다. 까마귀가 시끄럽게 울면서 애기무덤에 내려앉았다.

가시리 마을회관에서는 마을 제사를 앞두고 연로한 삼촌들이 벼락같이 큰소리를 내며 회의를 하고 있었다. 제사를 지내는 것도 빨갱이로 몰렸던 시절이 있었다. 가시리 마을 사람들은 까마귀도 깊게 잠든 밤에 남의 눈을 피해서 급하게 제사를 지내곤했다. 세상이 바뀐 후에야 주민들은 음력 11월마다 합동위령제를 지낼 수 있게 되었다. 합동위령제가 끝난 후에는, 세대마다 집안 제사를 다시 지냈다. 회의가 끝난 마을회관, 제사상 준비목록이 적힌 달력 뒷면에는 아가들을 위한 알사탕도 적혀 있었다. 한지 위에는 가지런한 글씨로 422명의 이름이 적혀 있었는데, 무명의 갓난아기는 아버지 성과 함께 'OO'이라고 표기되어 있었다.

마을 회의에서 가장 목소리가 컸던 고씨 할머니는 식게밥〔제삿밥〕이라도 먹일 수 있는 좋은 세상이라고 하면서 구부정한 허리를 펴며 자리에서 일어났다. 고씨 할머니를 따라 마을회관을 나서서 가름길〔동네 길〕을 걸었다. 할머니는 토벌대가 쏜 총에 맞아 죽은 남편을 호미로 씨감자 파묻듯이 흙만 덮어 놓고 표선으로 끌려 내려갔다. 토벌이 끝나고, 마을로 돌아온 할머니는 밭 귀퉁이에 묻어 놓은 남편과 아이의 뼈를 찾아 오름에 묻고 산담을 둘렀다. 할머니는 무덤가의 억새가 바람에 흔들리는 소리가 들릴 때마다, 남편의 발걸음 소리인가 싶어 밭일을 멈춘 채, 허허한 들판을 둘러보곤 했다.

그들이 묻힌 모래 구덩이는 아스팔트가 되어

버들못과 한모살

제주 날씨는 변화무쌍했다. 눈이 그치자, 담장 위의 눈은 금세 자취도 없이 녹아 버리고 바람도 잦아들었다. 화창한 겨울날이면 '섭지코지'도 뚜렷하게 보였다. 표선 해수욕장은 셀카봉을 든 관광객들이 가득했다. 표선에 오는 관광객은 두 부류로 나뉜다. 트레킹 복장으로 중무장하고 광활하게 펼쳐진 흰 모래 해변을 스쳐 가는 올레꾼과, 렌터카를 타고 와서 바다를 배경으로 인증 사진을 찍고는 바로 다음 장소를 향해 가는 관광객이다. 표선의 바다와 땅의 기운을 받으며 천천히 걷는 사람은 매우 드물었다.

불턱에 앉아 해녀 삼촌들로부터 깊은 바닷속에 수장된 사람들의 뼛조각을 발견했다거나 옴팡밭〔움푹 들어가 있는 밭〕에서 일하다가 뼛조각을 주웠다는 말을 자주 들었다. '학살지를 찾는 다크 투어'라는 여행 목표에 맞는 장소를 구태여 찾지 않더라도, 제주도는 온통 학살지였다. 눈 안에 들어오는 오름, 바다, 들판, 한라산 등허리까지 학살이 일어나지 않은 곳이 없었다. 제주도

특유의 검붉은 흙에도 죽어 간 사람들의 피눈물이 스며 있었다. 사람들은 그걸 아는지 모르는지 이곳을 그저 스쳐가기만 했다.

『제주 4·3사건 진상조사보고서』에는 표선면에 주둔한 토벌대가 중산간에서 끌고 온 사람들을 한모살과 버들못에서 학살했다는 조사 결과가 담겼다. 한모살은 공영 주차장이 되었고 버들못은 옛 표선 변전소 자리 옆에 위치해 있었다. 나는 토벌대에 의해 죽음을 맞이한 사람들의 마지막을 알고 싶어졌다. 옛 지도를 따라 변전소 자리를 찾아 걸었다. 길은 서귀포로 가는 일주도로에서 표선관정로로 이어졌고 표선관정로 근처에서, 시멘트가 벗겨진 낡은 건물에 겨우 매달려 있는 변전소 간판을 찾을 수 있었다. 보고서에 따르면, 변전소 옆 옴팡밭이 버들못이었다. 나는 낡은 건물 옆 옴팡밭으로 내려갔다. 우거진 수풀 속에 작은 연못이 있었고 안쪽에는 늙은 버드나무가 자리하고 있었다. 해녀 삼촌들은 버들못에 마소를 먹이던 나무 물통과 흐드러진 버드나무가 있었다고 했다.

1948년 12월 22일, 소개령에 따라 마을을 버리고 표선으로 내려간 가시리 마을 사람들은 토벌대에 의해 표선초등학교에 수용되었다. 토벌대는 호적을 대조하여 가족 가운데 한 사람이라도 없으면 도피자 가족으로 몰아 버들못과 한모살에서 총살했다. 토벌대가 표선에서 철수한 이후 가족들은 버들못에 시신을 거두러 왔지만, 녹아내린 살과 뼈가 엉켜 누구의 시신인지 알 수가 없었다. 가시리에서 표선으로 끌려온 사람들 가운데 76명이 옴팡밭 귀퉁이에서 비참하게 죽임을 당했다.

옴팡밭 구석구석을 사진에 담는 동안 버드나무는 버들못에서 숨진 사람들을 위로하는 듯 눈서리가 내린 하얀 잎줄기를 흔들어 댔다. 적막 속에서 그들의 비명이 들리는 듯했다.

나는 도서관에서 복사해 온 자료를 꺼내 옛 면사무소 자리에 생긴 제주은행을 찾아 나섰다. 토벌대는 면사무소에 주둔하면서 사람들에게 모진 고문을 가하고 학살했다. 표선동서로를 따라 걷다가, 표선에서 가장 오래된 2층 건물에 자리한 제주은행 간판을 찾았다. 제주은행 앞에 있는 낡은 계단 위에 앉았다. 표선 오일장에 장 보러 나온 사람들이 좁은 도로에 가득했다.

1948년 겨울은 여느 해와 다르게 무척이나 추웠다고 한다. 한라산이 통곡하는 듯 하염없이 눈이 내렸고 바다가 비명을 내지르는 듯 바람이 불었다. 사람들의 발자국으로 맨들해진 면사무소 계단에 햇살이 비쳐 윤이 났다. 나는 장갑을 벗고 면사무소 계단을 살며시 어루만졌다. 계단에서 차가운 기운이 올라왔다. 군인들은 매일 아침 이 계단을 지나 면사무소에 갇힌 사람들을 죽이러 갔을 것이다.

나는 죽은 사람들이 마지막으로 걸었던 길을 찾아 걸었다. 표선중앙로에는 표선민속촌으로 향하는 중국인을 태운 관광버스가 줄지어 달렸다. 어느새 푸른 하늘이 사라지고 눈과 비가 섞여 내렸다. 수많은 사람들이 아이의 손을 잡고 이 길을 따라 함께 사지로 걸어갔을 것이다. 군인들이 한모살에서 총과 죽창으로 죽인 사람들을 묻은 모래 구덩이는 표선민속촌 공영 주차장으로 변했고 사람들은 아무것도 모른 채 그곳을 밟고 다닌다. 이 날따라 눈 폭풍우는 더욱 매섭게 불어 왔다. 검은 아스팔트 귀퉁이에는 꽃을 피우지 못한 보라색 갯쑥부쟁이가 눈 속에서 시들어 있었다.

폭낭과 비석거리에 담긴 사연

표선초등학교와 혼인지

눈 폭풍우가 더욱 거세졌다. 하늘이 흐려지자 바다에선 원한이 서린 것 같은 시커먼 파도가 몰아쳤다. 바닷길을 따라 걷다가 들어간 표선초등학교는 영화 「건축학개론」이 사랑을 받으면서 첫사랑의 추억을 찾는 사람들의 방문지가 됐다. 학교 정문에 들어서자 알록달록한 크레파스로 칠해진 듯한 표선초등학교가 모습을 드러냈다. 유쾌한 모습을 한 학교와는 달리, 학교를 지키는 수호신처럼 운동장에 서 있는 폭낭(팽나무)은 마치 뭉크의 그림 「절규」처럼 메마른 가지를 하늘로 올린 채 고통스러운 듯 서 있었다. 나는 오랫동안 말라비틀어진 가지를 흔드는 폭낭을 멍하니 처다봤다.

그날, 총소리가 들릴 때마다 폭낭은 커다란 가지를 떨며 나뭇잎을 떨어뜨렸을 것이다. 폭낭의 몸뚱이는 총알처럼 박힌 옹이로 인해 서서히 썩어 가고 있었다. 학살은 표선의 모래톱, 바위, 나무에 생채기를 남겼다.

군인들은 표선 사람들을 한모살에 모아놓고, 도피자 가족을 죽일 때마다 만세를 부르고 박수를 치게 했다.[1] 삶과 죽음은 종이 한 장 차이라고 말한다. 죽음을 앞둔 사람들도 고통스러웠을 것이고 그 모습을 지켜보는 표선 사람들도 숨이 막혔을 것이다. 그 광경을 목격했던 표선 해녀들은 물질을 하다가도 이유 없이 밀려드는, 죽을 것 같은 공포감에 숨쉬기가 어려웠다. 술 취한 남자들은 전봇대나 나무를 부여잡고 살려달라고 빌었다. 학살의 기억은 표선 마을 사람들의 마음을 서서히 갉아먹고 너덜너덜하게 만들었다.

나는 학교를 둘러싸고 있는 길을 걸었다. 구멍 뚫린 검은 현무암 담장 아래로 피처럼 붉은 동백꽃이 떨어진 그 길을 지나, 감귤 껍질을 말려 주홍빛 물결이 넘실거리는 신천목장에 도착했다. 성산읍 12개 마을 사람들이 모여서 체육대회를 하던 들판에는 바람 소리만 요란했다. 체육대회를 함께 했던 사람들은 대부분 4·3사건으로 세상을 떠났다. 나는 파도가 하얗게 부서지는 절벽 위에 섰다. "난산리 이겨라, 신풍리 이겨라!"라고 마을 대표를 응원하는 주민들 소리로 가득 찼던 들판은 이제 텅 비고, 거친 바람에 납작 엎드린 이름 모를 들꽃만이 흔들리고 있었다.

　주홍 귤빛으로 뒤덮인 언덕을 지나, 푸른 물결이 일렁이는 온평리로 들어섰다. 제주 신화 속 벽랑국 세 공주가 나무상자를 타고 도착한 곳으로 알려진 온평리 앞바다를 걸었다. 나무상자가 발견된 '황루알' 해안을 걸어서, 민물이 용솟음쳐 공주들이 목욕을 했다는 바닷가의 '선녀탕'을 지나 마을을 가로질러 혼인지에 들어섰다. 나는 눈을 밟으며 삼신인과 벽랑국 공주들에게 혼인 신고하러 온 온평리 사람들이 하듯이 천천히 혼인지 연못을 세 바퀴 돌았다. '마음 심'(心) 형태를 띤 혼인지 연못에 햇빛이 쏟아지자, 푸른 하늘에서 보석처럼 반짝이는 눈이 내렸다. 오래전 그날 신랑이 혼례 잔치를 알리며 "잔치햄수다, 먹으래옵써!"라고 외치는 소리가 바람을 타고 들려오는 듯했다. 신랑 신부를 축하해 주던 온평리 사람들은 성산포에 주둔하고 있던 서북청년단에 끌려가 터진목에서 총살을 당했다.

　중산간으로 향하는 돌담길을 따라 걷다가, 수산리 '비석거리'에서 걸음을 멈췄다. 수십 개의 비석엔 총탄 자국이 가득했다. 비석거리는 도피자 가족으로 몰린 수산리 마을 사람들이 처형당한 곳이다. 나는 매끈한 돌에 남은 총탄 자국을 바라보다가 1960년대부터 기하급수적으로 늘어난 재일교포 공덕비를 살펴봤다. 일제강점기 때 끌려갔거나 4·3사건 전후에 일본으로 건너간 제주 출신 재일교포는 12만 명이 넘는다. 고향으로 돌아오지 못한 그들은 돈을 모아 고향 마을에 기부했다. 제주 사람들은 이 돈으로 전기와 도로를 설치하고 마을회관을 세웠으며, 학생들에게 장학금을 주었다.[2] 제주 어느 마을에 가든지, 재일교포 아무개가 기부한 것에 감사하는 의미로 세운 공덕비가 남아 있었다. 수산리 비석거리에도 '수산 출신 재일동포 공덕비', '수산리 전기기금 희사금 송덕비', '수산리 마을회관 희사금 송덕비', '재일동포 독지 기념비'가 있었다.

1960~1970년대, 제주 출신 재일교포가 보낸 감귤 묘목은 3백만 그루가 넘었고 감귤 전문가까지 제주도로 보내 재배법을 알려줬다. 전국에서 가장 가난했던 제주도는 감귤 재배를 시작하고 나서야 가난에서 벗어날 수 있었다.[3] 수산리 비석거리 인근 감귤밭 할아버지의 삼촌도 토벌대를 피해 일본으로 밀항했다. 할아버지는 삼촌이 일본에서 보내준 스무 그루의 밀감나무로 시작하여 키운 감귤밭 덕분에 아이들을 키우고 결혼도 시켰다. 하지만, 그의 삼촌은 끝내 고향인 수산리에 돌아오지 못하고 오사카에서 쓸쓸히 세상을 떠났다.

무덤조차 없는 사람들

성산 난산리 마을

일주도로를 건너서 올레길을 지나 후박나무와 구실잣밤나무가 있는 시멘트 농로를 걸었다. 옴팡밭에서는 브로콜리와 콜라비가 건강하게 자라고 있었다. "제주 제2공항 반대"라고 쓰인 붉은 깃발이 걸린 난산리에 들어섰다. 제주 제2공항이 들어서면 수산리, 신산리, 온평리, 난산리 사람들은 대부분 마을을 떠나야 하고, 제주도에서 가장 때 묻지 않은 동부 해안과 중산간 마을도 활주로에 묻히게 된다. 신들의 결혼식장인 혼인지도 공항 활주로 옆에 놓이게 되고 4·3 유적지도 훼손될 것이다. 나는 그동안 인적을 찾기 힘든 중산간의 고요함에 매료되어 있었다. 억새꽃이 춤추는 오름에 홀로 서면 세상의 중심에 서 있는 것 같았다. 하지만 지금은 인적이 드물었던 중산간 깊은 곳까지 사람들이 차를 타고 들어왔다. 해녀들만 살던 고즈넉한 바닷가 마을의 파도 소리도 카페와 게스트하우스에서 흘러나오는 음악 소리에 묻혔다. 성산일출봉에서 맞이하는 일출도 몰려오는 관광버스에 묻혀 고요함을 잃었다. 한라산 자락까지 빼곡하게 관광객이 모여들었지만, 사람의 욕심은 끝이 없었다. 공항을 건설하여 관광객을 더 유치해야 한다는 경제 논리는 제2공항 건립 계획을 가능케 했다. 공항 건설 계획에 의하면, 난산리는 활주로에 묻히고 통오름도 잘려 나가 몸뚱이만 남게 될 것이다.

신들의 섬, 발리와 견줄 수 있는 제주도에도 다양한 신들이 산과 바다에 가득했다. 난산리에도 토산 뱀신과 치병과 육아를 돕는 신을 모시는 격대모루 일뤠당이라는 본향당이 있었고, 신전의 사제인 난산리 심방이 있었다. 토벌대에 가족을 잃은 사람들은 본향당에 가서 누구에게도 말 못 한 아픔을 토로하고 가족의 안녕을 기원했다. 무서운 시대라 가까운 이웃에게도 차마 털어놓지 못하는 사연을 신에게 고하며 울었다. 마을 사람들의 아픔을 아는 심방이 세상을 떠난 이후, 격대모루 일뤠당을 지키던 폭낭도 태풍에 쓰러져 죽어 갔고 본향당도 잊혔다. 걸음을 멈춘 나는 본향당 주변에 높게 쌓인 쓰레기를 치우고 주변을 둘러봤다. 삼지창을 닮은 황칠나무가 창을 세우고 숲을 지키는 수호신처럼 서 있었다. 꽃향기가 천리를 간다는 백서향과 종가시나무, 동백나무 등 푸른 나무들은 빽빽이 하늘을 가렸다. 콩을 반으로 쪼갠 듯한 콩짜개덩굴은 나무 그루터기를 타고 오르고, 천남성 군락과 제주 고사리삼이 잎을 활짝 펼치며 눈을 맞았다. 붉은색 나무껍질을 가진 가막살나무와 노란색 열매를 달고 있는 까마귀베개도 푸르렀다. 제주도에서 가장 신비로운 이곳이 파괴되면 난산리를 지키던 신들은 어딘가로 떠나야 할 것이다. 돌담 사이로 조리대 군락이 나타났다. 버려진 집터에 덩그러니 남은 조리대만이 숲을 지켰다. 연두색 뱀이 풀숲 사이로 물결치듯 스쳐 지나갔다. 급히 사라지는 뱀의 모습이 애잔하게 느껴졌다.

바람이 불어오면 와르르 무너질 것 같은 돌담 사이를 지났다. 토벌대는 성산에서 최고로 튼튼했던 돌담을 무너뜨리고 그 돌을 성담을 쌓는 데 사용했다. 남자들은 토벌대에 끌려가고 마을에 남은 여자들과 아이들이 돌담을 다시 쌓았다. 4·3사건 당시 김평담 할아버지는 토벌대에 아버지를 잃고 열두 살에 가장이 되었다. 어머니는 토벌대에 맞은 자리에 맷독이 올라 고생했다. 그는 어머니를 치료할 수 있는 약초를 찾기 위해 불탄 집터와 벌판을 헤매고 다녔고, 그 약초를 팔아 간신히 중학교까지 다닐 수 있었다. 후에 그는 면사무소 서기로 취직했지만, 폭도 가족이라는 이유로 열흘 만에 해고되었다. 중동 건설 붐이 일어났을 때 해외파견 신청을 했지만, 그것마저도 거절당했다.

"제주 사름은 털엉 몬지 나주어신 사름 없댄 생각허여라고."◆

그는 체념한 듯 말했다. 4·3사건 직후는 유족을 빨갱이로 낙인찍고 색안경을 쓴 채 대하는 시대였다. 민주화가 되자, 그는 성산에 있는 마을마다 찾아다니면서 유족들을 만났다. 그와 같은 4·3사건의 유족들은 연좌제라는 올가미에 얽혀 고통을 받았으며, 부모 형제와 일가친척을 위해 제사를 지내거나 통곡 소리만 내어도 경찰서에 불려가 곤욕을 치렀다. 눈물마저도 죄가 되던 시절이었다.

◆ 제주도 사람은 털어서 먼지 안 나는 사람 없다고 생각하더라고.

밤새 내린 눈으로 온통 눈 세상이었다. 마을 한가운데 서 있는 폭낭도 눈 모자를 쓰고 있었다. 집 앞 조리대에도 하얀 눈이 내려앉았다. 김평담 할아버지는 난산리가 불타던 그날, 돌담 구멍으로 토벌대가 마을에 불 붙이는 것을 숨죽여 지켜보았다. 마을이 벌겋게 불타고 불타는 외양간에서 소와 돼지는 비명을 질렀으며, 개들은 토벌대에 끌려가는 주인을 따라갔다.

눈 폭풍우가 다시 시작되면서 하얀 눈 위로 붉은 동백꽃이 떨어졌다. 그해 겨울의 동백꽃은 유독 붉은 핏빛이었다. 그의 아버지가 서북청년단에 끌려 터진목으로 가던 날, 마당의 동백나무는 핏빛 멍든 꽃을 가득 매달고 바람에 흔들렸다.

눈바람이 거세어지자 난산리 마을회관으로 몸을 피했다. 마을회관에 있는 보건진료소에서 할머니들이 간단한 건강진단을 받고 있었다. 학살이 벌어진 이후, 난산리도 남자가 없는 마을이 되었고 할머니들은 심장병, 혈압, 우울증, 불면증 등으로 여전히 고통을 받고 있었다. 할아버지들에 대해 묻자, 할머니들은 이구동성으로 말했다.

"진즉에 잡형 죽어시믄 무덤이라도 이서실 건디, 토벌대가 바당에 빠지왕 죽여부난 그조차 어서."◆

◆ 진작 잡혀 죽었으면 무덤이라도 있을 텐데, 토벌대가 바다에 빠뜨려 죽이니 그조차 없어.

할머니들은 고된 노동으로 허리가 새우처럼 굽어 있었다. 토벌대에 끌려간 난산리 사람들은 성산포 터진목에서 총살당해 바다에 버려졌다. 시신을 찾지 못해서 무덤을 쓸 수도 없었고 제사를 지낼 수도 없었다.

성산일출봉에 보름달이 떠오르는 날이면 난산리 심방과 마을 사람들은 바닷바람이 불어오는 터진목에 서서 베적삼을 흔들며 애타게 혼을 불렀다.

"하르방, 할방, 아방, 어멍, 혼저옵써 집에 가게."

죽은 난산리 사람들이 먼바다에서 알아보고 찾아올 수 있도록 베적삼을 흔들고 또 흔들었다. 귀신이라도 집으로 돌아와야 제사를 지낼 수 있었다.

"혼저옵써, 혼저옵써."

보름날마다 터진목에서는 베적삼을 흔들며 가족을 애타게 부르는 난산리 마을 사람들의 애절한 목소리가 오랫동안 울려 퍼졌다.

사람들이 시들어 간 동굴

귀빈사와 다랑쉬굴

난산리를 뒤로하고 송달리 삼나무 숲을 향해 걸었다. 숲 한가운데는 미국식 집 한 채가 서 있었다. 미군의 지원을 받아 지은 이승만의 별장 '귀빈사'였다. 잡풀이 무성하고 처마에는 거미줄이 달려 있었다. 처마의 판자는 내려앉았고 모든 문은 굳게 잠겨 있었다. 들어갈 순 없었지만 유리창 너머로 거실 벽에 걸려 있는 소 흉상과 먼지가 내려앉은 가구가 보였다. 제주 돌을 쌓아, 미국 서부영화에 나오는 별장처럼 만든 건물 외벽에는 '희'(喜) 두 개가 나란히 새겨져 있었다. 귀빈사는 1950년대 제주 학생들의 수학여행 필수 코스였다. 학생들은 이곳에서 이승만 대통령을 칭송하는 설명을 듣고 대통령 사진 앞에서 묵념했다. 귀빈사 문화재 유적 안내판은 자신을 '과인'(寡人)이라고 부르고 국민을 '나의 백성들'이라고 불렀던 그에 대한 업적을 기록했다. 한국전쟁 발발 직후, 그는 라디오 방송으로 "국민은 군과 정부를 신뢰하고 조금도 동요 없이 직장을 사수하라"고 했다. 침몰해 가는 세월호 안에서 "구명조끼를 입고 대기하라"는 방송을 믿고 배 안에서 기다린 승객들과 학생들처럼, 서울 시민은 서울에 남았다. 그러나 서울을 가장 먼저 빠져나간 이승만과 정부 내각은 한강 인도교마저 폭파해 버렸다. 서울 수복 이후에 이승만은 서울에 남은 시민을 부역자라며 비판했다. 그 이후 인민군 점령기 3개월 동안 협력자로 의심되는 사람들에 대한 무자비한 학살이 자행됐다.

4·3사건 당시 육지에서 파견된 토벌대는 귀빈사가 위치한 송당리와 송당초등학교를 불태웠다. 송당리 사람들은 아부오름으로 끌려가서 학살됐다.[4] 송당리 사람들의 피눈물이 스민 땅 위

에 이승만은 미국식 별장을 짓고 휴식을 취했다. 4·19혁명 이후, 그는 강아지들을 데리고 하와이로 망명했다. 그는 죽는 순간까지도 억울하게 죽임을 당한 수백만의 사람들에게 사과 한마디 하지 않았다. 오후가 되면서, 귀빈사를 둘러싼 삼나무 숲 사이로 햇살이 스며들었다. 삼나무 숲을 통과한 햇살이 귀빈사 벽면에 그린 무늬는 송당리 사람들의 한이 서린 매서운 칼날 같았다.

황량한 겨울의 정취가 배어 있는 중산간 깊은 곳에는 원뿔 모양으로 솟아오른 다랑쉬오름이 버티고 서 있다. 성산일출봉으로 떠오르는 달을 볼 수 있는 다랑쉬오름은 '아기오름'으로도 불리는 '아끈 다랑쉬오름'을 옆구리에 품고 있었다. 다랑쉬오름 아래 넓은 벌판에는 사람들이 수백 년간 살았던 다랑쉬 마을 터가 남아 있었다. 돌담을 두른 브로콜리 밭에는 푸른 난초 무늬가 새겨진 사기 조각이 나뒹굴고 있었다. 소나 말에게 물을 먹이던 '먼물깍'이라는 말라 버린 연못도 지났다. 다랑쉬 마을은 남의 소와 말을 돌보던 몰이꾼들이 모여 사는 마을이었다. 하지만, 토벌대가 마을을 불태우고 사람과 가축을 죽인 뒤 마을 들판은 까마귀 떼로 뒤덮였고 시신을 수습할 사람조차 남아 있지 않았다. 오랜 시간이 흐른 후, 사람 뼈와 동물 뼈가 뒹굴던 마을 터는 개간되어 밭으로 바뀌었다. 개간 당시, 마을 집터에는 폭낭이 서 있었다. 그 폭낭 아래에서 다랑쉬 말테우리 중 우마를 부르는 휘

파람을 잘 불던 난쟁이 말테우리가 학살되었다. 숲에서 주운 삐라로 담배를 말아 피웠다는 것이 그가 폭도로 몰린 이유였다.[5]

삼나무가 늘어서 있는 다랑쉬오름의 진입로를 따라 올랐다. 경사가 심해 눈밭에 미끄러지기를 반복하며 오름 자락을 올랐다. 다리가 후들거리고 심장이 터질 것 같았다. 가쁜 숨을 몰아쉬며 겨우겨우 오름 정상에 도달하자, 드러누운 용의 자태를 닮은 용눈이오름, 억새 물결이 능선을 따라 춤을 추는 따라비오름, 원뿔형의 날카로운 능선과 말굽형 분화구를 가진 거미오름, 새알처럼 귀여운 알오름과 성산일출봉이 한눈에 들어왔다.

마을 사람들은 오름에 토벌대가 오는 것을 알리기 위한 빗개(보초)를 세웠다. 다랑쉬오름을 맡은 빗개 소년은 토벌대가 쏜 총탄을 맞고도 숨이 끊어지기 직전까지 깃발을 흔들며 토벌대가 마을로 향하고 있다는 것을 알렸다. 토벌대의 총알받이가 되면서도 마을 사람들을 구하기 위해 깃발을 흔들었던 다랑쉬오름 빗개 소년을 위해 과자를 오름에 남기고 일어섰다. 다랑쉬오름을 내려와서 무밭을 걷는 동안에도 몇 번이나 다랑쉬오름을 올려다봤다. 빗개 소년이 다랑쉬오름에 굳건하게 서서 힘차게, 힘차게 깃발을 흔드는 것 같았다.

다랑쉬오름에서 내려와, 보라색 보석 같은 콜라비가 자라는 밭 사이를 걷다가 '4·3 유적지 다랑쉬굴'이라고 쓰인 표시판을 발견했다. 나보다 키가 큰 억새를 헤치고 들어가서야 다랑쉬굴 입구를 찾을 수 있었다.[6] 다랑쉬굴 입구는 철창으로 막혀 있었다. 토벌대에 쫓기던 종달리와 세화리 사람들은 솥단지를 머리에 이고 이불을 등에 지고 아이들과 함께 다랑쉬굴에서 숨어 지냈다. 1948년 12월 18일, 다랑쉬 들판을 수색하던 토벌대가 다랑쉬굴을 발견하고 그 안에 수류탄을 던졌다. 사람들이 끝내 밖으로 나오지 않자, 토벌대는 검불로 불을 피운 뒤 굴 입구를 막아 사람들을 죽였다. 나는 엎드려 철창 안을 들여다보았다. 토벌대의 발걸음 소리를 들으며 우는 아이의 입을 막은 채, 공포에 떠는 사람들의 숨소리가 들려오는 듯했다. 나는 다랑쉬굴이 다시는 묻히지 못하도록 굴 입구를 막는 억새를 손으로 꺾었다.

살다 보면 살아지지만

성산 터진목

한 해의 마지막 날, 나는 세화리 해맞이 해안도로를 따라 성산일출봉을 향해 걸었다. 이제는 걷는 일에도 도가 텄다. 목포에서 장흥을 향해 걸을 때에 비해 체력이 놀라울 정도로 강해졌다. 여행길을 지나며 발에 생긴 물집은 말라붙어 단단해지고 발바닥은 두꺼워졌으며, 가늘었던 발목은 튼실해졌다. 마음속엔 가족을 잃은 사람들의 슬픔이 겹겹이 새겨졌다. 검푸른 바다에 감귤 같은 테왁이 동동 떠 있었다.

"호오이, 호오이!"

바다에서 해녀들이 내뱉는 숨비소리가 해변으로 울려 퍼졌다. 신동코지 불턱에서 불을 쬐던 해녀 삼촌은 토벌대에 남편을 빼앗기고, 먹을 것을 구하지 못해 아기를 굶긴 이야기를 하다가 목이 잠겼다.

"살암시난 살아져라."◆

해녀 삼촌은 자리를 털고 일어나 다시 추운 바다에 뛰어들었다.

하얀 모래사장에 가득 찬 겨울 철새들의 울음소리를 따라 소가 누워 있는 것처럼 보인다는 종달리에 들어섰다. 토벌대는 도피자 가족을 염전에서 돌로 찍어 죽였다. 종달리 사람들은 토벌대를 피해 다랑쉬굴에 숨었다. 굴속 깊이 숨어서 푸른 바닷물이 넘실거리는 고향 바다로 돌아갈 꿈을 꾸던 종달리 사람들은 토벌대에 발각되어 연기에 질식되어 숨졌다. 1992년, 학살 44년 만에 다랑쉬굴이 발견되었다. 종달리와 세화리 사람들이 숨어 지내던 다랑쉬굴 안에서 유해와 살림살이 등이 발견되었다. 유족들은 관계 당국에 묘라도 쓸 수 있도록 유해라도 돌려달라고 애원했으나, 그들의 바람을 외면한 관계 당국은 종달리 먼바다에 화장한 유골을 뿌려 버렸다. 종달리 앞바다 토끼 섬에는 바다

◆ 살다 보면 살아지더라.

에 뿌려진 다랑쉬굴 사람들을 위로하듯 여름마다 하얀 문주란이 피어났다.

활처럼 휘어진 종달리 해안도로를 따라 돌아 나가니, 우도와 성산일출봉도 함께 따라 도는 듯했다. 검은 현무암 바닷길을 따라 성산갑문에 이르니, 선문대 할망이 분화구를 빨래 바구니로 삼고, 우도를 빨랫돌로 삼았다는 성산일출봉이 모습을 드러냈다. 바다와 접해 있는 성산일출봉 아래에는 일본군이 가미카제로 미군 함정을 공격하기 위한 쾌속정을 숨겨 두었던 인공 동굴이 뚫려 있었다.

새해 소망을 비는 성산일출제 행사 준비로 어수선한 성산포를 지나 호리병 목처럼 좁다랗게 이어진 터진목에 도착했다. 4·3사건 당시 성산포에 주둔하던 서북청년단원들은 성산포서 공립국민학교에서 기거하며, 성산 사람들에게 모진 고문을 가한 뒤 터진목에서 학살했다. 도피자 가족으로 몰려서 끌려간 난산리 마을 사람 중에는 아기엄마도 있었다. 아기엄마는 17개월 난 아기를 업은 채 터진목에서 총살당했다. 다행히 아기는 지나가는 할머니에게 구조되어, 70년 만에 뿌리를 찾아 고향 난산리로 돌아왔다.

세찬 바닷바람이 터진목에 휘몰아쳤다. 나는 검푸른 바닷물에 손을 넣었다. 미끈하고 차가운 감촉이 손가락을 휘감았다. 말할 수 없는 슬픔이 손끝을 타고 올라와 가슴이 답답해졌다. 성산 일출봉에 솟아오른 보름달은 바다에 가득 찬 슬픈 영혼들을 비추고 있는 듯했다. 파도가 넘실거릴 때마다 1948년 추운 겨울, 터진목에서 학살되어 이어도로 떠난 사람들의 노랫가락이 끊임없이 들려오는 듯했다.

할아버지가 남긴 것

제주에 겨울 폭풍이 몰려오고 있었다. 파도가 입을 벌리며 해안도로 위를 삼킬 듯 출렁거렸다. 세찬 눈발이 휘날려 바다가 잘 보이지 않았다. 귤밭과 검은 용암 바위는 온통 하얀색으로 변했다. 우도에서 불어오는 바람에 뺨이 어는 듯했지만, 거친 바람을 밀치며 광치기 해변을 걸었다. 광치기 모래사장에 찍힌 내 발자국은 금세 지워졌다. 광치기 해변에는 '제주 4·3 성산읍 희생자 위령비'가 바다를 향해 서 있었다. 나는 제단 위에 과일과 술을 꺼내 올렸다. 매년 제주에 올 때마다, 함께 이곳을 찾았던 김평담 할아버지는 2018년 가을 세상을 떠났다. 그는 '가매기 모른 식게'[까마귀도 모를 정도로 비밀리에 지내는 제사] 드리던 시절, 귤 따는 것도 내팽개치고 매일 성산의 마을들을 돌면서 4·3사건의 유족들을 만났다.[7] 그는 매일 밤 피해자의 이름과 학살 장소를 기록하면서 억울하게 학살당한 조부와 아버지를 떠올렸다.

그는 '성산 4·3 유족회'를 만들고 진실규명을 위해 나서기도 했다. 돈을 모아 위령비를 세우고, 성산에서 학살된 사람들을 잊지 않기 위해 돌비석에 이름을 깊이 새겨 넣었다. 그는 세상을 떠나기 직전까지도 학살자들에 대해 알고 싶어 했다. 나는 그가 세상에 남긴 위령비에 새겨진 성산 마을 사람들의 이름을 하나씩 소리 내어 읽었다. 비명처럼 울어대는 눈 폭풍 소리에 호명되는 이름들이 묻히지 않도록 소리 지르듯 크게 이름을 불렀다. 바다 깊은 곳에 던져진 사람들의 이름을 부를 때마다 바다는 대답이라도 하듯이 '웅웅' 거리며 울었다.

못다 한 이야기

하늘과 우주를 넘어

하늘과 우주를 넘어

밥은 꼭 먹고 다니라는 말

눈발이 휘날리는 정월의 어느 날, 세찬 바닷바람을 맞으며 산길을 걸었다. 히말라야에 오르듯 등산 장비로 중무장하고, 핫팩까지 여러 개 붙인 채 길을 나섰지만 뼛속까지 밀려드는 추위를 막을 수는 없었다. 1951년 정월 대보름, 함평지역에 살던 사람들은 육군 11사단 20연대 2대대 5중대에 쫓겨 군유산을 넘었다. 공포에 떨면서 아이들을 등에 업고 피난길에 나섰던 사람들이 걸어갔던 그 길을 다시 걸어 보고 싶었다. 이제는 인적마저도 끊긴 산길에는 말라비틀어진 잡초만 무성했다. 그해 겨울, 이 길 위에서 얼마나 많은 사람들이 죽었는지 알 수 없었다. 비틀어진 소나무 가지가 흔들릴 때마다 마음이 더욱더 무거워졌다.

산등성이를 넘자, 산 아랫마을이 나타났다. 늙은 은행나무 아래에는 슬레이트 지붕을 얹은 모평 마을 경로당이 있었다. 붉은 황토 흙이 묻은 신발들이 가지런히 경로당 댓돌 위에 놓여 있었다. 현관문을 조심스럽게 한두 번 두드렸다. 경로당에서 도란도란 들리던 이야기 소리는 뚝 그치고 대답이 없었다. 호흡을 가다듬고 다시 한번 두드리자, 할머니 한 분이 빼꼼히 문을 열고 밖을 내다보았다. 놀란 토끼눈으로 나를 훑어보는 할머니에게 그해 정월 대보름에 군유산 산길을 걸었던 피난민들을 찾고 있다는 용건을 간단히 설명했다. 할머니는 돌잡이 동생을 등에 업고 군유산 산길을 걸었다고 하면서 경로당 안으로 들어오라고 했다. 경로당 안을 들여다보니 세월이 켜켜이 내려앉아 누르스름해진 벽지를 배경으로 어르신들이 둘러앉아 있었다.

1951년 정월 어느 날, 5중대가 마을마다 들어와 무차별적으로 사람을 죽이고 마을에 불을 질렀다. 살아남은 마을 사람들은 피난길에 나섰다. 군유산까지 쫓아온 5중대는 무차별 사격을 가했다. 피난민은 총격을 피해 가을 들녘에 쌓아 놓은 볏짚 속에도 숨고, 깻단 속에도 숨었다. 하지만 이내 총탄에 맞는 '퍽퍽' 소리와 함께 볏짚은 붉은 피로 물들었다.

점심시간이 가까워지자, 경로당 부엌에서 음식 냄새가 흘러나왔다. 어르신들이 편하게 드실 수 있도록 자리에서 일어서려는데 어르신들은 "피난길에서 굶은 것도 징한데 밥은 먹고 가야제. 그냥 가만 쓰겠소"라면서 나를 도로 자리에 앉혔다. 경로당 벽에 세워 둔 교자상이 펼쳐지고 어르신들이 둘러앉았다. 함평 손불면 앞바다 갯벌에서 나온 낙지가 붉은 황토에서 키운 양파와 버무려져 있었고 푸른 파래 무침, 굴 무침, 갈치속젓, 고춧가루 옷을 수줍게 입은 무김치, 도라지, 고사리, 시래기가 밥상에 올려졌다. 할머니들이 뜨거운 선짓국과 공깃밥을 밥상 위로 날랐다. 숟가락을 뜨기도 전에 막걸리 잔에 술이 넘치게 담겼다. 우리는 막걸리를 서너 잔 마시고 나서야 밥을 먹었다. 어르신들은 막걸리 잔을 연신 들이켜며 5중대에 살해된 마을 사람들의 이야기를 이어 나갔다. '대보름작전'이라고 이름 붙인 토벌작전에서 5백여 명의 사람들이 죽었다. 인터뷰가 끝나고 떠날 때가 되자, 어르신들은 밥은 먹고 다니라고 수차례 당부하며 배웅했다.

말레이시아, 탄 삼촌에게 배운 것

여행길에서 밥을 먹었는지 묻는 것은 한국뿐만 아니라 말레이시아 어르신들도 마찬가지였다. 바탕칼리 이장님은 산에서 내려온 나를 보자마자 쌀죽부터 먹였다. 더운 날이면 향우회 어르신들과 말레이시아의 갈비탕인 바쿠테나 신선로와 비슷한 스팀보트를 먹으며 영국군의 폭격과 수용소 생활에 대해서 들었다. 한국 사람을 텔레비전 밖에서 처음 만난 마을 사람들에게 나의 일상은 리얼리티 드라마가 되어 티티왕사 산안개처럼 빠르게 마을 사람들에게 전달되었다. 마을 사람들이 농장에서 돌아오면 마을회관에 앉아 한국 드라마를 함께 보면서 울고 웃었다. 내 가방에는 바탕칼리 사람들이 병에 담아 준 잼과 삼발이 가득했다. 나는 오랫동안 바캉칼리 사람들의 사랑을 되새김질하며 매운 삼발을 밥에 비벼 먹고 잼을 빵에 발라 먹었다. 그 음식들을 먹을 때마다 뜨거운 바탕칼리의 햇살과 나를 걱정하던 바탕칼리 사람들이 떠올랐다. 나는 그들의 애정을 먹고 마시며 온몸으로 그들을 기억했다.

바탕칼리에서 돌아온 뒤에도 몸이 약해 기침을 콜록이던 탄 삼촌이 걱정되어 인삼을 사서 보냈건만 그해 가을, 퀵 변호사에게서 긴급하게 온 연락은, 탄 삼촌이 잠자듯이 세상을 떠났다는 것이었다. 말레이시아 세관의 통관을 어렵게 거친 인삼은 탄 삼촌의 사후에야 도착했다. 인삼 통관을 지연시킨 말레이시아 세관이 원망스러웠다. 그나마 위로가 된 건 교도소에서 평생 고통을 받았던 그가 사랑하는 사람들 품에서 평안하게 세상을 떠났다는 이야기였다.

탄 삼촌은 바탕칼리에서 '닥터 카키 얌'(Dr. Kaki Ayam)이라고 알려져 있었다. 닭처럼 분주히 돌아다니면서 아픈 사람들을 찾아 치료한다는 뜻이었다. 삼촌은 싱가포르의 유명한 법대 출신답게 바탕칼리 학살의 진상규명을 요구하는 탄원서를 작성하거나 교도소에서 독학으로 익힌 전통의학으로 마을 사람들을 치료했다. 삼촌은 나에게 바탕칼리에서 보고 듣고 경험한 것을 기록해 달라고 부탁한 적이 있었다. 예식장 방명록을 쓰는 것조차

꺼릴 정도로 글쓰기를 두려워하는 나에게 탄 삼촌은 글은 머리로 쓰는 것이 아니라 가슴으로 듣고 온몸으로 쓰는 것이라면서 내 손을 꼭 잡았다. 샛별처럼 반짝이던 그의 눈을 거절할 수 없어 말없이 고개만 끄떡였다. 그는 기쁜 듯이 내 손을 힘주어 잡았다. 온기가 따뜻한 손이었다. 싱가포르의 국부 리콴유가 그를 배신하고 차가운 교도소에 가뒀지만, 그는 결코 슬퍼하거나 좌절하지 않았다. 그의 영혼은 자유로웠으며 그의 마음은 따스했다. 교도소에서 무려 삼십여 년 동안이나 고통받았지만 그는 활짝 웃으며 세상을 껴안았다. 그의 부탁대로 다크 투어 중에 눈으로 보고 가슴으로 들었던 이야기를 쓰기 시작했다. 글쓰기를 한 번도 제대로 배운 적이 없었지만 거북이걸음처럼 천천히 학살지 여행기를 써 내려갔다. 가슴 아픈 글을 어떻게 풀어내야 할지 몰라서 좌절하고 지칠 때마다 그를 떠올렸다. 탄 삼촌은 책이나 종이마저도 허락되지 않는 싱가포르의 무더운 독방에서 말라야 민중 해방의 역사를 숟가락으로 벽에 써 내려갔다. 교도소에 갇힌 정치범들로부터 전해 들은 정글투쟁의 역사를 벽에 기록하고 마음에도 기록했다. 교도소에서 나온 뒤, 그의 글은 종이에 인쇄되어 말라야 민중 해방의 역사를 증언하는 역할을 했다. 나는 글쓰기 정글에서 길을 잃을 때마다 그가 남긴 시집을 들춰 보며, 그가 휘갈긴 서체들을 손끝으로 만진다. 그 서체들에서 아직도 삼촌의 인자한 웃음과 나직한 목소리가 들려오는 듯하다.

인터넷 바다에서 바탕칼리 학살 사건에 대해서 정리한 글을 읽었다. 그 글을 쓴 이는 말레이시아에서 인권변호사로 활동하는 퀵 변호사였다. 학살 이후, 바탕칼리 사람들은 죽은 사람들의 억울함을 풀기 위해서 영국 대사관이나 정부 기관을 찾아다녔다. 하지만 힘없고 배운 것이 없는 이민 노동자들의 호소에 응답해 주는 사람은 아무도 없었다. 사십여 년이 흐른 뒤, 우연한 기회에 바캉칼리 유족들을 만난 퀵 변호사의 아버지가 이 사건을 맡아 사건진상을 조사하고 행동에 나섰다. 퀵 변호사는 아버지를 이어 바탕칼리 사건을 영국 대법원에까지 제소했다. 비록 바탕칼리 사건은 영국 대법원에서 패소했지만 유족들은 영국 정부로부터 공식적인 사과를 받을 때까지 계속 행동할 것이다. 그는 노근리 사건의 당사자인 미국이 진정한 사과 대신 단순한 유감만을 표현한 것은 망자에 대한 진정한 예의가 아니었다며 분노했다. 그는 바탕칼리 사건을 유럽인권위원회와 국제전범재판소에 소송할 계획을 세우고 진행 중이다.

인도네시아에서 우리는 항상 함께였다

다크 투어를 하는 동안 길 위에서 만난 사람들의 따뜻한 환대만 있었던 것은 아니다. 관광지가 아닌 발리의 전통마을에는 1965년 학살의 상처가 여전히 남아 있었다. 발리 사람들은 외지

인에 대한 경계심이 심해, 가족이 아닌 외지인에게 차가운 물 한 잔 나눌 마음의 여유가 없었다. 매장지를 찾아 걷다 보면 낯선 이의 방문에 놀란 마을 아주머니들은 아이들을 데리고 집안으로 들어가 대문을 닫아 버렸다. 바니안나무 아래에서 담배를 피우는 아저씨들에게 1965년 사건에 대해 묻기라도 하면 화들짝 놀라 담배를 풀숲에 던지고 곧바로 자리를 떴다. 발리의 전통마을에서 학살자들이 마을 원로로 대접받고 있는 동안 피해자 가족들은 아직도 숨죽여 살고 있었다.

렌당 마을의 카디카와 사바 마을의 와얀은 내가 발리에서 좌절할 때마다 길을 밝혀 준 친구들이다. 그들은 마을 원로들의 눈총을 받으면서도 학살지를 찾는 여행에 동참했다. 내가 더위에 지쳐 쓰러질 때마다 코코넛 워터를 구해서 내 힘을 북돋아 줬다. 그들과 함께 남부 사누르 해변부터 바투르 호수, 추추칸 해변의 모래 구덩이 등의 집단 매장지를 찾아다녔다. 우리는 발리에서 가장 유명한 호텔 중 하나가 집단 매장지 위에 건축되었다는 사실을 건축업자를 통해서 알게 되었다. 해안에 위치한 호텔 부지는 1966년 발리 학살을 지휘했던 인도네시아군 사령부가 있었던 주둔지였던 것이다. 호텔 리뷰에 올라온 것처럼, 호텔은 비싼 것 빼고 다 좋을 만큼 안락하고 편안해 보였다. 학살의 현장은 지워지고 열대의 낙원이 펼쳐지고 있었다.

내 친구들은 매장지를 벗어날 때마다 귀신이 옮겨 붙을까

봐 두려움에 부들부들 떨었다. 차를 세우고 티르타 엠풀 사원에서 떠온 성수를 뿌리고 향을 피웠다. 불쌍하게 죽은 영혼들이 우리에게 해를 끼칠 일은 없다고 수없이 이야기했지만 그들은 여전히 매장지에서 귀신이 옮겨 붙는다고 생각했다. 귀신을 무서워하면서도 우리는 다음 학살지를 향하여 차를 몰았다.

학살지 여행에 동참한 친구들과의 첫 만남은 다랑이 논둑길에서 용변을 보다가 시작되었다. 발리에서는 밤이 되면, 인간의 시간이 끝나고 영혼들의 시간이 시작된다고 믿는다. 나는 밤에 돌아다니지 말라는 마을 사람들의 경고를 흘려듣고 우붓 시내에서 밤늦게까지 술을 마시다가 마을로 돌아가는 길이었다. 빠른 걸음으로 논둑길을 걸어가는데 어둠 속에서 수탉이 거칠게 우는 소리가 들렸다. 새벽에 울어야 할 수탉이 한밤중에 우는 것은 분명 나쁜 징조였다. 가파른 논다랑이 비탈길을 빠른 걸음으로 걷다 보니 숨이 턱밑까지 차올랐다. 걸음을 멈추면 어둠 속에서 누군가 내 몸을 끌어당길 것 같았다. 엎친 데 덮친 격으로 아랫배까지 점차 묵직해졌다. 방광이 터질 것 같은 느낌이 들어 다리를 꼬며 참아 보았지만 한 걸음도 앞으로 내디딜 수 없었다. 다랑이 논두렁에 화장실이 있을 리 만무하고, 물에 젖어 미끄러운 논두렁과 논둑의 잡초 사이에서 볼일을 보는 수밖에 없었다. 등골이 서늘해지고 식은땀이 났다. 어금니를 꽉 깨물고 좀 더 걸어보기로 했다. 들숨을 쉬었지만 날숨은 내뱉을 수가 없었다. 숨을 내쉬는 순간 큰일이 날 것 같았다. 나는 견디지 못하고 논둑길을 내려가 잡초 근방에서 서성거렸다. 바지를 내리는 순간에도 누군가 등을 덮칠 것만 같아 머리카락이 삐쭉 서고, 숨결이 빨라졌다. 더는 서 있을 수도, 앉아 있을 수도 없겠다는 생각이 들어 급히 앉아 볼일을 보았다. 그제야 참았던 숨이 쉬어졌다. 일어설 용기가 나지 않아 일어서지도 못하고 어정쩡한 자세로 얼마 동안을 그대로 앉아 있었다. 모기가 달려들고, 가려움에 견딜 수 없지자 나는 바지를 급히 입고 일어섰다. 보이지 않는 귀신보다 산 모기가 더 무서웠다.

그때, 계곡 아래에서 오토바이 소리가 들렸다. 두 대의 오토바이가 모기떼가 만든 터널을 뚫고 논둑길을 따라 올라오고 있었다. 나는 급히 오토바이 헤드라이트 불빛 앞에 서서 손을 흔들어 댔다. 오토바이는 급브레이크를 밟더니 내 앞에 섰다. 이웃 마을 잔칫집에 다녀오던 오토바이 운전자들에게 숙소에 데려다 달라고 부탁하고는 오토바이 운전자 중 나이가 더 많은 카디카의 뒷자리에 올라탔다. 오토바이는 어둠이 가득한 계곡을 벗어나 바람처럼 나를 숙소로 데려다줬다. 그 이후, 카디카와 와얀과 함께 우리는 절친한 친구가 되어 새벽까지 여는 도로의 간이식당에서 미고렝에 맥주를 마시면서 발리의 어두운 시절에 대해서 이야기를 나눴다.

발리의 학살지는 도로에서 벗어난 곳이 대부분이었다. 우리는 풀숲에 쌓인 집단 매장지에서 모기떼나 벌레에 물리고, 모래와 진흙에 빠지면서 여행을 계속했다. 학살지는 외진 곳이어서 제대로 된 도로나 노점도 찾아볼 수 없었다. 우리는 마을 아주머니들이 올리는 제례 음식을 얻어먹거나, 바닷가 어부들에게 생선을 얻어 코코넛 껍질을 태워 피운 불에 구워 먹기도 했다. 발리 여행이 가능했던 건 이 애정 넘치는 고마운 친구들 덕분이다.

타이완에서 내가 삼킨 것은

타이베이에서는 중국 음식의 향연이 내 앞에 펼쳐졌지만 도저히 음식을 입에 댈 수 없었다. 냄새만 맡아도 구역질이 올라와 먹을 수가 없었는데, 이 증상은 타이베이 외곽에 있는 징메이 인권박물관을 둘러보고 나온 날부터 시작되었다.

내 친구 제프의 할아버지는 의사선생님이었다. 할아버지 린엔퀘이는 병원에서 진료를 보다가 의사 가운을 입은 채로 군인들에게 끌려 나갔다. 그는 국가 전복을 시도한 간첩으로 몰려, 징메이에 있던 '대만경비총사령부국법처간수소'에 수감되었다. 내가 그 역한 냄새를 맡았던 고문실에서 셀 수도 없이 여러 차례 고문을 받고 오아시스 빌라에서 수감생활을 했다. 가족들은 흩어지고 제프의 어머니도 미국으로 이주했다. 타이베이 야시장에서는 볶고, 끓이고, 튀긴 음식의 향연이 펼쳐지고 있었지만 음식만 봐도 좁은 철장에 갇힌 죄수들이 떠오르고 고문실의 소독약 냄새가 나는 것 같아 도통 음식을 입에 댈 수 없었다. 헛구역질이 올라오고 머리가 어지러웠다. 장제스 부대가 상륙했던 지룽항에서는 굴전을 앞에 두고도 도저히 젓가락을 들 수 없었다. 굴비처럼 엮여 죽음을 맞이한 한국인 희생자 박순종 씨가 깊은 바닷속에서 물고기에 뜯겨 백골이 되었을 것이라는 상상을 하니 가슴이 막혔다. 나는 끝내 음식을 먹지 못했다. 그 대신 내 가슴 가득히 유족들의 절망과 비통함을 담았다.

나의 할아버지, 나의 할머니

연보리 마을 어르신들은 헤어지면서 "때깔 좋은 옷 입고 맛있는 음식 먹고 잘 살라"고 말했다. 그들의 당부처럼 여행길에서 잘 먹고 잘 자며 길을 걸었다. 영암 구림 마을을 지날 때는 논에서 일하던 어르신들과 서호정에 둘러앉아서 새참을 먹었다. 연보리 마을에서는 '전라도 제사상'에 걸맞은, 영암의 드넓은 들판과 바다에서 얻은 재료들로 요리된 제사 음식을 먹었다. 전라도 제사상뿐만 아니라 전국의 제사상 음식도 맛보았다. 매년 6월이 되면 7천여 명이나 되는 대전형무소 수형인들이 처형당했던 골령골에 거대한 제사상이 차려졌다. 어느 해부터인가 대전의 제사 음식 전문 업체에서 차린 충청도 제사상에 실망한 유족들이 각 지역을 대표하는 제사 음식을 가져오기 시작했다. 전라도 유족들은 낙지호롱에 민어를 가져오고, 경상도 유족들은 문어와 돔배기[상어고기], 강원도 유족들은 송이나 명태전을 가져왔다. 제주도 4·3 유족들은 옥돔, 빙떡, 흑돼지산적, 성게 미역국에 한라산소주까지 들고 대전을 찾았다. 유족들은 구천을 헤매는 영혼들을 위해 정성을 다하여 산해진미가 넘치는 제사상을 차리고 음식을 나누었다. 덕분에 나도 팔도 제례 음식 전문가가 되었다.

김평담 할아버지는 내가 제주에 간다고 전화를 하면 세화장에 나가서 흑돼지고기를 샀다. 돼지고기 특유의 누린내를 없애기 위해 된장을 많이 넣고, 삶은 물에 고기를 세 번 푹 고아 냈다. 공항버스가 성산포에 도착할 무렵이면 돼지고기는 먹기 좋게 식어 있었다. 우리는 부엌에 앉아 도마에 돼지고기를 올려 놓고 밤새 이야기를 나눴다. 우연한 기회에 올레꾼과 민박집 주인으로 만나서 십여 년간 중산간에 묻힌 학살지를 찾아다녔다. 황량한 오름을 배경으로 바람에 흔들리는 갈대 사이에 서 있는 그의 모습은 한 장의 흑백사진으로 영원히 내 가슴에 남았다.

지난 겨울, 그가 떠나고 난산리 집에 쓸쓸하게 홀로 남은 할머니를 위로하기 위해 제주에 갔다. 해녀할망 민박으로 텔레비전에 나오고 유명세를 타던 집은 할아버지가 돌아가신 뒤에 올레꾼의 발길마저 끊겼다. 할아버지의 낡은 자동차가 주인을 잃은 채 마당 한편에 주차되어 있었다. 할머니는 눈 폭풍우에도 부재중이었다. 나는 놀란 가슴을 부여잡고 마을을 수소문해서 할머니가 통오름에 있는 밭에서 일하고 있다는 사실을 알아냈다. 난산리 가게에서 빵과 음료수를 사들고 통모양의 오름을 향해 걸었다. 바닷바람을 막고 작물을 키우기 위해 밭 주변에 높은 돌담을 쌓아 올려 만든 옴팡밭에서 할머니들이 털모자를 쓰고 검붉은 흙에서 당근을 수확하고 있었다. 할머니들은 난산리 마을 회관에서 나누어 준 녹색 모자와 점퍼를 입고 있었다. 나는 움푹 들어간 옴팡밭 아래까지 들릴 수 있게 도로 위에 서서 할머니를 크게 불렀다. 당근 수확 작업을 하는 할머니들이 일제히 얼굴을 들었다.

"무싱 거 허래 와서!"◆

나를 발견한 할머니가 소리쳤다. 나는 빵이 담긴 봉지와 음료수를 흔들어 보이면서 잠시 쉬었다 하시라고 했다. 할머니는 부지런한 일개미처럼 쉼 없이 캐낸 당근에 묻은 흙을 털어내면서 남의 일 나왔을 때는 쉬면 안 된다고 했다. 나는 할 수 없이 옴팡밭 밑으로 내려가서 구석에 빵 봉지와 음료수를 내려놓았다. 할머니는 통오름에 묻힌 할아버지 곁에서 여전히 하루를 보내고 있었다. 매일 아침마다 통오름 기슭에 있는 옴팡밭에 나가

◆ 뭐 하러 왔어!

면서 할아버지에게 들러 아침인사를 했다. 그리고 산담에 앉아 점심을 먹으면서 할아버지와 이야기를 나누었다. 집으로 돌아올 때면 할아버지가 춥지 않게 묘소를 살피고 돌아왔다.

내가 난산리를 떠나던 날, 올레 밖까지 나온 할머니는 내 손을 부여잡고 "서울 가서도 굶지 마랑, 밥 먹으라"고 수없이 말씀하셨다. 할머니의 바람처럼 여행길에서 밥만큼은 꼭 챙겨 먹고 길을 나섰다. 다크 투어가 길어지면서 두꺼워진 발목만큼, 내 몸도 같이 불어났다. 유족들이 건네주는 음식을 받아들고 채식주의자라는 소신을 버렸다. 내가 맛있게 음식을 먹을 때 유족들은 그 무엇보다 기뻐했다.

나와 함께 걸어 준 사람들

학살지를 찾는 여행길 위에서 매 순간 기적 같은 일이 계속되었다. 운동회에서 이어달리기를 하는 것처럼 수많은 사람들이 도움의 바통을 주고받았다. 그 이어달리기는 한국을 넘어 말레이시아, 인도네시아, 타이완까지도 계속되었다. 제주에서는 겨울 무를 싣고 가는 트럭을 얻어 타기도 하고, 발리에서는 오토바이 뒷자리에 수시로 얻어 탔다. 길을 잃을 때마다 수많은 사람들의 도움으로 학살지를 찾을 수 있었고, 그 덕분에 다크 투어를 무사히 마칠 수 있었다. 이 모든 일에는 보이지 않는 누군가의 힘

이 있었을 것이라고 생각한다. 한 사람이 아니라 수많은 사람
들의 힘이 있었기에 길 위에서 수많은 사람들의 원통하고 비통
한 이야기를 듣고 글로 옮겼다. 부탄어에는 'Name Same Kadin
Chhe'(하늘과 우주를 넘어 고맙습니다)라는 말이 있다. 이 여행을
가능하게 했던 모든 이들과 하늘의 별이 된 이들에게 '하늘과 우
주를 넘어 고맙습니다'.

나가며
나와 이 여행을 같이한 이들에게

어느 무더운 여름날, 나는 국화꽃 한 다발을 가슴에 안고 한강로를 걸었다. 한국전쟁 초기 미 공군의 용산 집중폭격으로 한강로는 일주일 동안이나 불에 타올랐다. 풀뿌리조차 남지 않았다는 한강로는 현재 서울의 중심이 되어, 고층 건물로 가득 찼다. 나는 검정색 정장을 입고 습기 찬 도로를 밟으며 불빛이 반짝이는 한강대교를 걸어서 노들섬으로 향했다. 서울로 이주한 뒤로, 한강대교는 이웃처럼 친근한 다리였다. 주말이면 강아지를 데리고 한강대교를 건넜고, 가을이면 다리에 앉아 한강 위로 쏟아져 내리는 불꽃을 감상했다. 추운 겨울이 되면 얼음 위에 내려앉은 철새를 구경하기도 했다. 철제 계단을 내려가 다리 교각이 있는 곳으로 갔다. 세월이 흘러 푸른 이끼가 낀 다리 교각 둘레에는 노년의 사람들이 '한강 인도교 추모제'를 진행하고 있었다. 한국전쟁 발발 3일 뒤인 1950년 6월 28일 새벽 2시 30분, 서울 시민의 유일한 피난길이었던 한강 인도교가 국군에 의해 예고 없이 폭파됐다. 다리 위를 건너던 8백여 명이 넘는 피난민과 군인은 한

순간에 강물 속으로 사라졌다. 이 행사는 그 당시 한강에서 사라진 이름 없는 사람들을 추모하는 행사였다. 나는 인터넷에서 한강대교에 대해 검색해 보기 전까지, 한강 최초의 다리에 새겨진 아픈 현대사가 있다는 사실을 몰랐다. 내가 사는 용산에는 한강 다리뿐만 아니라 한강 모래톱, 효창공원, 만초천 등 수많은 학살 장소가 있었지만 알려지지 않았다. 한국전쟁 동안 전국 각지에서 폭격과 학살로 수많은 사람들이 생명을 잃었지만, 그 진상을 알 수 없었다. 가해자인 국가 권력은 침묵하고, 피해자인 유가족은 두려움에 침묵했다. 피해자 가족이었던 나의 사랑하는 할머니조차도 죽음의 순간까지 오빠의 이름조차 부르지 못하고 세상을 떠났다.

목포형무소에서 실종된 할머니의 오빠가 남긴 흔적을 찾았던 목포 산정산에는 수많은 이름 없는 비석이 풀숲에 버려져 있다. 장흥군 유치면 사람들은 70여 년의 세월이 지난 오늘에도 증언을 거부했다. 학살의 공포는 오랜 세월이 지났음에도 여전히 지속되고 있다. 인도네시아 민주정부가 들어선 이후, 1965년부터 1967년까지 인도네시아 전역에서 학살된 3백만여 명의 진실 규명을 위한 '진상규명 위원회'가 세워졌다. 학살 매장지를 민간차원에서 발굴 중이지만 학살을 주도했던 군인과 민병대원들은 유해 발굴을 방해하고 피해자 가족들을 위협하고 있다. 말레이시아 바탕칼리 마을 사람들은 영국 정부에게 바탕칼리 학살에 대한 공식적인 사과를 받기 위해 서명운동을 지속하고 있다. 타이완에서는 2·28사건 진실규명과 역사 바로 세우기 법안인 '촉진전형정의조례'(促進轉型正義條例)를 통과시켜 권위주의적 유산을 청산하고 있다. 제주에서는 하루 수십 대의 비행기가 이착륙하는 제주 국제공항 활주로에 묻힌 4·3 행방불명인 유해 발굴이 재개되었다. 반면, 가시리와 중산간 사람들이 묻힌 표선 한모살은 도로 개설공사로 매장지가 훼손되었다.

누렁개와 검둥개가 보림사를 불태우고 숲속에 숨은 사람들에게 기관총을 난사했던 일을 증언하며 가슴 치던 보림사 아랫마을 할아버지도, 우붓 계곡을 뒤지며 뼛조각을 찾던 페툴루 마을 할머니도, 바탕칼리의 탄 삼촌도, 남편의 무덤을 찾아 류장리 산자락을 헤매던 할머니도, 김평담 할아버지도 이제는 모두 하늘의 별이 되었다. 나는 그들이 생각날 때마다 별을 본다. 별똥별이 내리는 날이면 가슴이 먹먹해진다. 발리에서는 별똥별을 하늘의 별이 된 사람들이 흘리는 눈물이라고 여겼다. 별똥별이 내릴 때마다 아시아 곳곳에서 학살당해 별이 된 사람들이 눈물을 흘리며 잊지 말아 달라고 속삭이는 듯하다.

홀로 여행을 하고 글을 쓰는 작업은 정말 고독한 일이었다.

하지만 외롭지만은 않았다.

　사막을 가로지르는 카라반 행상에게 별들이 그러하듯, 수많은 유족들은 내게 안내자이자 길잡이가 되어 주었다. 그들은 가난한 여행자에게 먹을 것과 잠자리를 제공해 주고, 가족이 살해된 곳을 안내하며 분노와 슬픔에 눈시울을 붉히기도 했다. 이런 소중한 사람들이 있었기에 다크 투어도 가능했다. 학살지 여행을 함께 한 모든 이들에게 진심을 담아 감사 인사를 올린다.

한국전쟁 71주년을 기억하며,

2021년 6월 김여정

주석

목포의 눈물

1 1950년 7월 23일, 목포형무소에 수용되었던 수형자와 국민보도연맹원은 전
  남도경 경비선 '금강호'에 실려 신안군 비금면 인근 해상에서 수장되었다. 당
  시 학살된 이는 모두 1천 4백여 명으로 수형자 1천여 명, 국민보도연맹원 4백
  여 명으로 추정된다. 진실·화해를위한과거사정리위원회, 『상반기 조사보고서:
  진실과화해위원회 제9차 보고서』, 진실·화해를위한과거사정리위원회, 2010,
  459쪽.

2 진실·화해를위한과거사정리위원회, 『상반기 조사보고서: 진실과화해위원회
  제9차 보고서』, 2010, 331~383쪽 참조.

3 1950년 12월 18일, 여운재를 넘어온 해병대가 박격포를 쏘면서 마을에 들어왔
  다. 박격포 소리를 시작으로 들이닥친 해병대는 사람들을 향해 마구잡이로 총
  구를 겨눴고, 마을에 불을 질렀다. 마을 사람들은 '빨갱이들에게 밥을 해줬다'
  는 이유로 학살되었다. 시신은 장례도 치르지 못한 채 여운재 계곡으로 던져졌
  다. 『상반기 조사보고서: 진실과화해위원회 제9차 보고서』, 2010, 331~383쪽
  참조.

4 '검둥개'는 당시 토벌대 가운데 하나였던 경찰을, '누렁개'는 국군을 비하하는
  말이었다. '참빗질'은 머리 속의 이를 잡듯이 하는 토벌을 비유한 말이었다.

5 장흥 유치지구 전투지, http://sajeok.i815.or.kr/i815/view_region/1496

신들의 섬, 죽음의 섬

1 Geoffrey Robinson, *The Dark Side of Paradise*, Cornell University Press, 1995.

2 인도네시아 학살은 1965년에서 1966년 사이, 공산주의자나 화교 등 좌익으로 간주한 자들에 대해 벌어진 대규모 살해 행위로, 인도네시아 정부 및 군부가 조장 및 선동한 혐의를 받고 있다.

3 "Indonesia", *New Humanist*, 2013, https://newhumanist.org.uk/articles/4183/indonesia

4 "Bones on the Dark Moon", *Baliadvertiser*, 2014, https://www.baliadvertiser.biz/dark_moon

5 "The Returning Souls and Sacred Birds of Petulu, Bali", *Justtravelous*, 2012, https://www.justtravelous.com/en/2012/11/the-returning-souls-and-sacred-birds-of-petulu-bali

6 Geoffrey Robinson, *The Killing Season: A History of the Indonesian Massacres, 1965-66*, Princeton University Press, 2018, p.32.

정글의 '구눙 티쿠스'

1 "A Short Guide To The Malayan Emergency", Imperial War Museums, https://www.iwm.org.uk/history/a-short-guide-to-the-malayan-emergency

2 "Batang Kali killings: Britain in the dock over 1948 massacre in Malaysia", *Independence*, 2015, https://www.independent.co.uk/news/uk/home-news/batang-kali-killings-britain-in-the-dock-over-1948-massacre-in-malaysia-10187309.html.

3 "In Cold Blood", *BBC*, 1993, https://www.youtube.com/watch?v=AX1rSnudbzQ

4 "Settle Massacre Case, Britain Told", *The Star*, 2016, https://www.thestar.com.my/news/nation/2016/12/15/settle-massacre-case-britain-told-inter-

national-court-orders-amicable-resolution-over-1948-batang-ka/

5 Batang Kali Massacre Memorial Garden Social Media Campaign, https://
www.facebook.com/BatangKaliMassacreMemorialGarden

임을 위한 행진곡, 메이리다오

1 1947년 발생한 2·28사건은 타이완 역사상 매우 중요한 사건이다. 정부 전매
품인 담배 판매를 단속하는 과정에서 시작된 이 사건은 한 학생이 총에 맞아
사망하면서 타이완 전 지역으로 시위가 확대됐다. 시민들은 정부와의 분쟁을
조정하기 위해 정치개혁 청원을 했지만, 국민당 정부는 중국 본토에 진압군을
요청해 타이완 전역에서 3만 명이 넘는 시민을 진압하고 학살했다. 이후, 국민
당 정부는 비상계엄령을 공표하고 40년이 넘는 시간 동안 시민들을 공포와 두
려움에 떨게 했다. 1980년대 중반 이후, 타이완에 민주화 운동이 확산되자, 2·
28사건의 역사적 진실을 찾기 위한 운동이 활발하게 진행되었다.

2 National 228 Memorial Museum, *From Darkness into Light*, Taipei, 2016.

3 "Remembering Taiwan's White Terror", *The Diplomat*, 2014, https://
thediplomat.com/2014/03/remembering-taiwans-white-terror/

4 「마오쩌둥에 패한 장제스, 자금성의 진귀한 보물 수십만점을…」, 『동아일보』
2013년 11월 3일자.

5 사람을 눕힌 뒤 몸을 고정해 고문할 수 있도록 고안된 고문대.

6 "Family of Korean killed in Taiwan's '228 Incident' in 1947 to get com-
pensation", *The Japan Times*, 2017.

7 "228 REMEMBERED: Ko cries giving 228 memorial speech",
Taipei Times, 2016, http://www.taipeitimes.com/News/taiwan/ar-
chives/2016/02/29/2003640485

8 서승, 『서승의 동아시아 평화기행: 한국, 타이완, 오끼나와를 가다』, 창비, 2011,
100~103쪽 참조.

붉은 동백꽃

1 제민일보 4·3취재반, 『4·3은 말한다』 제5권, 전예원, 1998, 92쪽.

2 유홍준, 『나의 문화유산답사기 7 : 돌하르방 어디 감수광, 제주도편』, 창비, 2012, 432~434쪽 참조.

3 「감귤묘목 고향에 보낸 재일동포들의 사랑」, 『월드코리안』 2015년 5월 9일자.

4 『4·3은 말한다』 제5권, 24~25쪽 참조.

5 제주 4·3제50주년학술문화사업추진위, 『잃어버린 마을을 찾아서 제주 4·3유적지 기행』, 학민사, 1998, 294~295쪽 참조.

6 경찰은 굴 안에서 발굴한 11구의 피난민 유해를 무장 폭도의 유골로 몰아갔다. 경찰은 다랑쉬굴은 남로당 유격대의 아지트였으며, 굴 안의 사람들은 토벌대에 발각되자 집단 자살했다고 주장했다. 그러나 다랑쉬굴에서는 총기가 발견되지 않았다. 대신 어린아이가 포함된 유골과 솥, 석유병, 안경, 유리병, 반합, 물동이, 양푼, 젓갈 단지, 요강, 고무신 같은 유품이 나왔다. 다랑쉬굴 발견 이후에도 진실이 드러나는 것을 두려워한 정부 당국은 굴 입구를 시멘트로 봉해 버렸었다. 『잃어버린 마을을 찾아서 제주4·3유적지 기행』, 300~316쪽 참조.

7 제주 지역에서는 제사를 지내고 난 후 '까마귀밥'이라고 하여 젯밥과 나물 등을 대문 앞이나 울타리 곁에 놓아두는 관습이 있다. 까마귀를 저승을 오가는 사자로 생각하여, 저승에 있는 조상에게 음식을 가져다주기를 바라는 마음에서 이어져 온 관습이다.

참고도서

전라남도

한국경찰사편찬위원회, 『한국경찰사 2』, 내무부치안국, 1973.

진실·화해를위한과거사정리위원회, 『상반기 조사보고서 진실과화해위원회 제9차 보고서』, 진실·화해를위한과거사정리위원회, 2010.

인도네시아

Katharine McGregor et al., *The Indonesian Genocide of 1965: Causes, Dynamics and Legacies, Springer*, Palgrave Macmillan, 2017.

Soe Tjen Marching, *The End of Silence*, Amsterdam University Press, 2017.

말레이시아

Ian Ward and Norma O. Miraflor, *Slaughter and Deception at Batang Kali*, Singapore Media Masters, 2009.

타이완

Jennifer J. Chow, *The 228 Legacy*, Martin Sisters Publishing LLC, 2013.

Shawna Yang Ryan, *Green Island*, Alfred A. Knopf, 2016.

Brenda Lin, *Wealth Ribbon: Taiwan Bound, America Bound*, University of Indianapolis Press, 2004.

제주도

제민일보4·3취재반, 『4·3은 말한다』 (전 5권), 전예원, 1998.

제주4·3제50주년학술문화사업추진위, 『잃어버린 마을을 찾아서: 제주4·3 유적지 기행』, 학민사, 1998.

다크 투어 슬픔의 지도를 따라 걷다

초판1쇄 펴냄 2021년 6월 25일
초판3쇄 펴냄 2022년 11월 4일

지은이 김여정
펴낸이 유재건
펴낸곳 (주)그린비출판사
주소 서울시 마포구 와우산로 180, 4층
대표전화 02-702-2717 | **팩스** 02-703-0272
홈페이지 www.greenbee.co.kr
원고투고 및 문의 editor@greenbee.co.kr

편집 이진희, 신효섭, 구세주, 송예진 | **디자인** 권희원, 이은솔
마케팅 육소연 | **물류유통** 유재영, 유연식 | **경영관리** 유수진

ISBN 978-89-7682-657-2 03910

學問思辨行 : 배우고 묻고 생각하고 판단하고 행동하고

독자의 학문사변행을 돕는 든든한 가이드 _ 그린비 출판그룹

그린비 철학, 예술, 고전, 인문교양 브랜드
엑스북스 책읽기, 글쓰기에 대한 거의 모든 것
곰세마리 책으로 크는 아이들, 온 가족이 함께 읽는 책